حِصْنُ الْمُسْلِمِ

مِنْ أَذْكَارِ الْكِتَابِ وَالسُّنَّةِ

Hisnu-l-Muslim

LA CITADELLE DU MUSULMAN

Invocations selon le Coran et la Sunna

Français - arabe - phonétique

Shaykh Sa'īd Ibn 'Alī Ibn Wahaf Al-Qahtānī

Orientica

Orientica - IqraShop.com
101 rue Jean-Pierre Timbaud - 75011 **Paris** - **Tél. :** 01 48 06 57 94
4 rue de la Fauvette - 95100 **Argenteuil** - **Tél. :** 09 50 81 65 36
2 rue Auguste Lacroix - 69003 **Lyon** - **Tél. :** 04 78 60 13 79
20 avenue Jules Uhry - 60100 **Creil** - **Tél. :** 09 50 70 59 46
E-mail : info@orientica.com - **Fax :** 09 85 61 15 35
Sites : www.orientica.com - www.iqrashop.com
www.apprendre-langue-arabe.com

ISBN : 978-2-35635-083-1

Dépôt légal : 4e trimestre 2017

Table de transcription phonétique

Lettre arabe	Transcription phonétique	Lettre arabe	Transcription phonétique
ء	’	غ	$\underline{gh}$
ب	b	ف	f
ت	t	ق	q
ث	$\underline{th}$	ك	k
ج	j	ل	l
ح	$\underline{h}$	م	m
خ	$\underline{kh}$	ن	n
د	d	ه	h
ذ	$\underline{dh}$	و	w
ر	r	ي	y
ز	z	**Voyelles courtes**	
س	s	اَلْفَتْحَةُ	a (Al-Fat$\underline{h}$a)
ش	$\underline{sh}$	اَلضَّمَّةُ	u (A$\underline{d}$-$\underline{D}$amma)
ص	$\underline{s}$	اَلْكَسْرَةُ	i (Al-Kasra)
ض	$\underline{d}$	**Voyelles longues**	
ط	$\underline{t}$	ـا	ā
ظ	$\underline{zh}$	ـو	ū
ع	‘	ـي	ī

Liste des symboles utilisés

Vous trouverez, ci-dessous, l'explication des symboles utilisés dans ce livre :

عزّ وجلّ	Le Puissant et Majestueux (عَزَّ وَجَلَّ).
صلى الله عليه وسلم	Que la prière et le salut d'Allah soient sur lui (صَلَّى اللهُ عَلَيْهِ وَسَلَّمَ).
رضي الله عنه	Qu'Allah soit Satisfait de lui (رَضِيَ اللهُ عَنْهُ).
عليه السلام	Paix sur lui (عَلَيْهِ السَّلَامُ).
رضي الله عنها	Qu'Allah soit Satisfait d'elle (رَضِيَ اللهُ عَنْهَا).
رضي الله عنهما	Qu'Allah soit Satisfait d'eux deux (رَضِيَ اللهُ عَنْهُمَا).
رضي الله عنهم	Qu'Allah soit Satisfait d'eux (رَضِيَ اللهُ عَنْهُمْ).

بسم الله الرحمن الرحيم

Au nom d'Allāh, le Miséricordieux,

le Très-Miséricordieux

Préface de l'auteur [1]

Louanges à Allāh, nous Le louons, nous demandons Son aide, nous implorons Son pardon, nous Lui demandons de nous protéger des vices de nos âmes ainsi que de nos mauvaises actions. Quiconque Allāh guide ne pourra s'égarer, et quiconque Il égare ne pourra être guidé.

J'atteste qu'il n'y a de dieu sinon Allāh, Seul, et sans associé, et que Muẖammad est Son Serviteur et Son Envoyé, que le salut d'Allāh soit sur lui, ainsi que sur sa famille, ses compagnons et sur tous ceux qui le suivent jusqu'au Jour de la Résurrection.

Cet opuscule est un résumé de mon ouvrage « *Le rappel, les invocations et la médication par les formules pieuses dans le Coran et la Sunna* ». J'y ai résumé la partie « le rappel » afin d'en faire un livret de poche.

---

[1] Les éditions « *Orientica* » ont pris le soin d'ajouter, dans l'opuscule de l'auteur, les traductions des textes en français ainsi qu'une translitération des diverses invocations et prières citées dans l'ouvrage, permettant ainsi à ceux qui ne sont pas arabophones de saisir le sens des diverses invocations et prières et à les apprendre même s'ils ne connaissent pas l'écriture arabe.

Je me suis astreint à ne citer, pour un quelconque point, que le texte faisant foi, sans citer les chaînes de garants. Je me suis astreint également à ne citer qu'un ou deux ouvrages parmi les nombreux autres cités dans la version complète. Quiconque en voudrait connaître le compagnon ayant rapporté cela ou les autres sources faisant mention de ce texte devrait revenir à l'original.

Je prie Allāh - que Son nom soit glorifié - par Ses noms sublimes et Ses attributs de majesté, que ce travail n'ait été fait que pour Lui plaire, de m'en rétribuer dans cette vie et après la mort, d'en faire bénéficier celui qui le lit, celui qui le publie, et celui qui collabore à son édition. Il est Celui qui exauce les prières.

Que le salut soit sur notre Prophète Muhammad ﷺ ainsi que sur sa famille, ses compagnons رضي الله عنهم et tous ceux qui le suivent jusqu'au Jour de la Résurrection.

L'auteur, au mois de Safar, 1409 de l'Hégire

Le mérite du rappel (d'Allāh)

فَضْلُ الذِّكْرِ

Allāh ﷻ a dit dans le Coran :

- ﴿ *Souvenez-vous de Moi donc, Je vous récompenserai. Remerciez-Moi et ne soyez pas ingrats envers Moi.* ﴾ [1]

﴿ فَٱذْكُرُونِىٓ أَذْكُرْكُمْ وَٱشْكُرُوا۟ لِى وَلَا تَكْفُرُونِ ﴿١٥٢﴾ ﴾

- ﴿ *Ceux et celles qui évoquent souvent le souvenir d'Allāh, Allāh leur a réservé un pardon et une énorme récompense.* ﴾ [2]

﴿ وَٱلذَّٰكِرِينَ ٱللَّهَ كَثِيرًا وَٱلذَّٰكِرَٰتِ أَعَدَّ ٱللَّهُ لَهُم مَّغْفِرَةً وَأَجْرًا عَظِيمًا ﴿٣٥﴾ ﴾

- ﴿ *Ô vous qui croyez ! Invoquez Allāh abondamment.* ﴾ [3]

﴿ يَٰٓأَيُّهَا ٱلَّذِينَ ءَامَنُوا۟ ٱذْكُرُوا۟ ٱللَّهَ ذِكْرًا كَثِيرًا ﴿٤١﴾ ﴾

---

[1] (2 : 152) Sūrat Al-Baqara (La Vache) : Verset 152.
[2] (33 : 35) Sūrat Al-Ahzāb (Les Coalisés) : Verset 35.
[3] (33: 41) Sūrat Al-Ahzāb (Les Coalisés) : Verset 41.

• ﴾ *Et invoque ton Seigneur en toi-même, en humilité et crainte, à mi-voix, le matin et le soir, et ne sois pas du nombre des insouciants.* ﴿ [1]

﴿ وَٱذْكُر رَّبَّكَ فِى نَفْسِكَ تَضَرُّعًا وَخِيفَةً وَدُونَ ٱلْجَهْرِ مِنَ ٱلْقَوْلِ بِٱلْغُدُوِّ وَٱلْآصَالِ وَلَا تَكُن مِّنَ ٱلْغَٰفِلِينَ ۝٢٠٥ ﴾

Le Prophète ﷺ a dit : « *La différence entre celui qui invoque son Seigneur et celui qui ne L'invoque pas est semblable à la différence entre le mort et le vivant.* » [2]

وَقَالَ صَلَّى اللهُ عَلَيْهِ وَسَلَّمَ: « مَثَلُ الَّذِي يَذْكُرُ رَبَّهُ وَالَّذِي لَا يَذْكُرُ رَبَّهُ، مَثَلُ الْحَيِّ وَالْمَيِّتِ ».

Le Prophète ﷺ a dit aussi :
« *Voulez-vous que je vous indique la meilleure œuvre qu'il vous est possible de faire, la plus pure auprès de votre Seigneur, celle qui vous élève le plus en degrés, celle qui est plus méritoire que l'aumône de votre or et argent et que le combat contre l'ennemi ?* »
« Bien sûr », répondirent les compagnons.
« *Il s'agit du rappel d'Allāh, Exalté soit-Il.* » [3]

وَقَالَ صَلَّى اللهُ عَلَيْهِ وَسَلَّمَ: « لَا أُنَبِّئُكُمْ بِخَيْرِ أَعْمَالِكُمْ وَأَزْكَاهَا عِنْدَ مَلِيكِكُمْ، وَأَرْفَعِهَا فِي دَرَجَاتِكُمْ، وَخَيْرٍ لَكُمْ مِنْ إِنْفَاقِ الذَّهَبِ وَالْوَرِقِ، وَخَيْرٍ لَكُمْ مِنْ أَنْ تَلْقَوْا عَدُوَّكُمْ فَتَضْرِبُوا أَعْنَاقَهُمْ وَيَضْرِبُوا أَعْنَاقَكُمْ؟ » قَالُوا: بَلَى. قَالَ: « ذِكْرُ اللهِ تَعَالَى ».

---

[1] (7 : 205) Sūrat Al-A'rāf : Verset 205.
[2] Al-Bukhārī, voir Al-Fath : 11/208 et Muslim : 1/539.
[3] At-Tirmidhī : 5/459 et Ibn Māja : 2/316.

Le Prophète ﷺ rapporte qu'Allāh, l'Exalté, a dit : *« Je serai pour Mon serviteur ce qu'il croit que Je suis, Je serai avec lui chaque fois qu'il M'évoque ; s'il M'évoque en secret, Je l'évoquerai en Moi, s'il M'évoque devant une assemblée, Je l'évoquerai devant une assemblée bien meilleure encore. S'il s'approche de Moi d'un empan, Je M'approcherai de lui d'une coudée, et s'il s'approche d'une coudée, Je M'approcherai d'une brassée. S'il vient à Moi en marchant, Je viendrai à lui en courant. »* [1]

قَالَ رَسُولُ اللهِ صَلَّى اللهُ عَلَيْهِ وَسَلَّمَ: « يَقُولُ اللهُ تَعَالَى: "أَنَا عِنْدَ ظَنِّ عَبْدِي بِي، وَأَنَا مَعَهُ إِذَا ذَكَرَنِي، فَإِنْ ذَكَرَنِي فِي نَفْسِهِ ذَكَرْتُهُ فِي نَفْسِي، وَإِنْ ذَكَرَنِي فِي مَلَإٍ ذَكَرْتُهُ فِي مَلَإٍ خَيْرٍ مِنْهُمْ، وَإِنِ اقْتَرَبَ إِلَيَّ شِبْرًا اقْتَرَبْتُ إِلَيْهِ ذِرَاعًا، وَإِنِ اقْتَرَبَ إِلَيَّ ذِرَاعًا اقْتَرَبْتُ مِنْهُ بَاعًا، وَإِنْ أَتَانِي يَمْشِي أَتَيْتُهُ هَرْوَلَةً" ».

'Abdullāh Ibn Busr رضي الله عنه rapporte qu'un homme dit au Prophète ﷺ :

« Ô Messager d'Allāh ! Les devoirs de l'Islam et ses actions vertueuses sont devenus trop nombreux pour moi, enseigne-moi une chose à laquelle me cramponner ! »

« Fais donc en sorte que ta langue ne cesse d'évoquer Allāh ! », lui répondit-il. [2]

---

[1] Al-Bukhārī : 8/171 et Muslim : 4/2061.

[2] At-Tirmidhī : 5/458 et Ibn Māja : 2/1246.

وَعَنْ عَبْدِ اللهِ بْنِ بُسْرٍ رَضِيَ اللهُ عَنْهُ أَنَّ رَجُلًا قَالَ: يَا رَسُولَ اللهِ إِنَّ شَرَائِعَ الْإِسْلَامِ قَدْ كَثُرَتْ عَلَيَّ فَأَخْبِرْنِي بِشَيْءٍ أَتَشَبَّثُ بِهِ. قَالَ: « لَا يَزَالُ لِسَانُكَ رَطْبًا مِنْ ذِكْرِ اللهِ ».

Selon le Messager d'Allāh ﷺ :

« Quiconque lit une lettre du Coran, aura une bonne action, et chaque bonne action est rétribuée comme dix bonnes actions. "Alif, Lām, Mīm" [1] *n'est pas une lettre, mais Alif en est une, Lām en est une autre et Mīm une troisième. »* [2]

وَقَالَ صَلَّى اللهُ عَلَيْهِ وَسَلَّمَ: « مَنْ قَرَأَ حَرْفًا مِنْ كِتَابِ اللهِ فَلَهُ بِهِ حَسَنَةٌ، وَالْحَسَنَةُ بِعَشْرِ أَمْثَالِهَا، لَا أَقُولُ {الم} حَرْفٌ، وَلَكِنْ أَلِفٌ حَرْفٌ، وَلَامٌ حَرْفٌ، وَمِيمٌ حَرْفٌ ».

'Uqba Ibn 'Āmir ﷺ rapporte que le Messager d'Allāh ﷺ les trouva assis dans un coin de la mosquée (As-Suffa) et leur dit alors :

« Qui parmi vous aimerait aller à But-hān ou à Al-'Aqīq chaque matin et en revenir avec deux belles chamelles sans commettre de péché ni rompre les liens de parenté ? »

Nous répondîmes : « Ô Messager d'Allāh, nous aimerions tous cela. »

---

[1] Le Prophète ﷺ fait référence aux trois premières lettres débutant la Sūrat « Al-Baqara », seconde du Coran ainsi que quelques autres Sūrat.

[2] At-Tirmidhī : 5/175.

Il répliqua : « *Sachez donc que celui qui part à la mosquée le matin, puis lit ou apprend deux versets du Coran, cela lui est meilleur que de posséder deux chamelles, et trois versets sont meilleurs que de posséder trois chamelles, et quatre versets lui sont plus profitables que quatre chamelles, ainsi de suite.* »[1]

وَعَنْ عُقْبَةَ بْنِ عَامِرٍ رَضِيَ اللهُ عَنْهُ قَالَ: خَرَجَ رَسُولُ اللهِ صَلَّى اللهُ عَلَيْهِ وَسَلَّمَ وَنَحْنُ فِي الصُّفَّةِ فَقَالَ: « أَيُّكُمْ يُحِبُّ أَنْ يَغْدُوَ فِي كُلِّ يَوْمٍ إِلَى بُطْحَانَ أَوِ الْعَقِيقِ فَيَأْتِيَ مِنْهُ بِنَاقَتَيْنِ كَوْمَاوَيْنِ فِي غَيْرِ إِثْمٍ وَلَا قَطْعِ رَحِمٍ؟ »، فَقُلْنَا: يَا رَسُولَ اللهِ، كُلُّنَا يُحِبُّ. قَالَ: « أَفَلَا يَغْدُو أَحَدُكُمْ إِلَى الْمَسْجِدِ فَيَعْلَمَ، أَوْ يَقْرَأُ آيَتَيْنِ مِنْ كِتَابِ اللهِ خَيْرٌ لَهُ مِنْ نَاقَتَيْنِ، وَثَلَاثٌ خَيْرٌ لَهُ مِنْ ثَلَاثٍ، وَأَرْبَعٌ خَيْرٌ لَهُ مِنْ أَرْبَعٍ، وَمِنْ أَعْدَادِهِنَّ مِنَ الْإِبِلِ ».

Le Messager d'Allāh ﷺ a dit : « *Celui qui s'assied quelque part sans évoquer Allāh aura négligé un devoir vis-à-vis d'Allāh, et celui qui s'allonge quelque part sans évoquer Allāh aura négligé un devoir vis-à-vis d'Allāh.* »[2]

وَقَالَ صَلَّى اللهُ عَلَيْهِ وَسَلَّمَ: « مَنْ قَعَدَ مَقْعَدًا لَمْ يَذْكُرِ اللهَ فِيهِ كَانَتْ عَلَيْهِ مِنَ اللهِ تِرَةٌ، وَمَنِ اضْطَجَعَ مَضْجَعًا لَمْ يَذْكُرِ اللهَ فِيهِ كَانَتْ عَلَيْهِ مِنَ اللهِ تِرَةٌ ».

[1] Muslim : 1/553.
[2] Abū Dāwud : 4/264.

Le Prophète ﷺ dit aussi : « *Un groupe de personnes qui s'assied sans évoquer Allāh et sans prier sur le Prophète aura manqué à l'une de ses obligations. Si Allāh le souhaite, Il les châtiera, et s'Il le souhaite, Il leur pardonnera.* »[1]

وَقَالَ صَلَّى اللهُ عَلَيْهِ وَسَلَّمَ: « مَا جَلَسَ قَوْمٌ مَجْلِسًا لَمْ يَذْكُرُوا اللهَ فِيهِ، وَلَمْ يُصَلُّوا عَلَى نَبِيِّهِمْ، إِلَّا كَانَ عَلَيْهِمْ تِرَةً، فَإِنْ شَاءَ عَذَّبَهُمْ وَإِنْ شَاءَ غَفَرَ لَهُمْ ».

Un autre hadith énonce : « *Un groupe qui quitte une assemblée sans y avoir invoqué Allāh est semblable à celui qui quitte la charogne d'un âne ; cela engendre le remords.* »[2]

وَقَالَ صَلَّى اللهُ عَلَيْهِ وَسَلَّمَ: « مَا مِنْ قَوْمٍ يَقُومُونَ مِنْ مَجْلِسٍ لَا يَذْكُرُونَ اللهَ فِيهِ إِلَّا قَامُوا عَنْ مِثْلِ جِيفَةِ حِمَارٍ وَكَانَ عَلَيْهِمْ حَسْرَةً ».

Au réveil

أَذْكَارُ الْإِسْتِيقَاظِ مِنَ النَّوْمِ

• Louanges à Allāh qui nous a fait revivre après notre mort, vers Lui se fera le retour.[3]

« اَلْحَمْدُ لِلَّهِ الَّذِي أَحْيَانَا بَعْدَ مَا أَمَاتَنَا وَإِلَيْهِ النُّشُورُ ».

al-hamdu li-l-lāhi-l-ladhī ahyānā ba'da mā amātanā wa ilayhi-n-nushūr.

---

[1] At-Tirmidhī : 3/140.
[2] Abū Dāwud : 4/264.
[3] Al-Bukhārī : 11/113 et Muslim : 4/2083.

• Il n'y a point de divinité digne d'adoration en dehors d'Allāh, l'Unique, sans associé, la royauté et la louange Lui reviennent et Il est Omnipotent. La louange est à Allāh, Gloire à Allāh, il n'y a point de divinité digne d'adoration en dehors d'Allāh, Allāh est le Plus Grand, et il n'y a de force ni de puissance que par Allāh. / Ô Seigneur pardonne-moi.[1]

« لَا إِلَهَ إِلَّا اللهُ وَحْدَهُ لَا شَرِيكَ لَهُ، لَهُ الْمُلْكُ وَلَهُ الْحَمْدُ وَهُوَ عَلَى كُلِّ شَيْءٍ قَدِيرٌ، الْحَمْدُ لِلَّهِ وَسُبْحَانَ اللهِ وَلَا إِلَهَ إِلَّا اللهُ وَاللهُ أَكْبَرُ وَلَا حَوْلَ وَلَا قُوَّةَ إِلَّا بِاللهِ ». ثُمَّ قَالَ: « اَللَّهُمَّ اغْفِرْ لِي ».

lā ilāha illā-l-lāhu wahdahu lā sharīka lahu, lahu-l-mulku wa lahu-l-hamdu wa huwa 'alā kulli shay'in qadīrun, al-hamdu li-l-lāhi wa subhāna-l-lāhi wa lā ilāha illā-l-lāhu wa-l-lāhu akbaru wa lā hawla wa lā quwwata illā bi-l-lāh. / allāhumma-ghfir lī.

• Louange à Allāh qui m'a ramené à la vie, a préservé ma santé et m'a permis de L'évoquer.[2]

« اَلْحَمْدُ لِلَّهِ الَّذِي عَافَانِي فِي جَسَدِي، وَرَدَّ عَلَيَّ رُوحِي، وَأَذِنَ لِي بِذِكْرِهِ ».

al-hamdu li-l-lāhi-l-ladhī 'āfānī fī jasadī, wa radda 'alayya rūhī, wa adhina lī bi-dhikrih.

---

[1] Al-Bukhārī : 3/39 et Ibn Māja : 2/235. Celui qui le dit aura le pardon ; s'il invoque Dieu, il sera exaucé, s'il fait ses ablutions et prie, sa prière sera acceptée.
[2] At-Tirmidhī : 5/473.

• « En vérité, dans la création des cieux et de la terre, et dans l'alternance de la nuit et du jour, il y a certes des signes pour les doués d'intelligence, qui, debout, assis, couchés sur leurs côtés, invoquent Allāh et méditent sur la création des cieux et de la terre (disant) : "Notre Seigneur ! Tu n'as pas créé cela en vain. Gloire à Toi ! Garde-nous du châtiment du Feu. Seigneur ! Celui que Tu fais entrer au Feu, Tu le couvres vraiment d'ignominie. Et pour les injustes, il n'y a pas de secoureurs ! Seigneur ! Nous avons entendu l'appel de celui qui a appelé ainsi à la foi : "Croyez en votre Seigneur" et dès lors nous avons cru. Seigneur ! pardonne-nous nos péchés, efface nos méfaits, et place-nous, à notre mort, avec les gens de bien. Seigneur ! Donne-nous ce que Tu nous as promis par l'intermédiaire de Tes Messagers, et ne nous couvre pas d'ignominie au Jour de la Résurrection, car Tu ne manques pas à Ta promesse." Leur Seigneur les a alors exaucés (disant) : "En vérité, Je ne laisse pas perdre le bien que quiconque parmi vous a fait, homme ou femme, car vous êtes les uns des autres. Ceux donc qui ont émigré, qui ont été expulsés de leurs demeures, qui ont été persécutés dans Mon chemin, qui ont combattu, qui ont été tués, Je tiendrai certes pour expiées leurs mauvaises actions, et les ferai entrer dans les Jardins sous lesquels coulent les ruisseaux, comme récompense de la part d'Allāh. Quant à Allāh, c'est auprès de Lui qu'est la plus belle récompense." Que ne t'abuse point la versatilité (pour la prospérité), dans le pays, de ceux qui sont infidèles. Piètre jouissance ! Puis, leur refuge sera l'Enfer. Et quelle détestable couche ! Quant à ceux qui craignent leur Seigneur, ils auront des Jardins sous lesquels coulent les ruisseaux pour y demeurer éternellement, un lieu d'accueil de la part d'Allāh. Et ce qu'il y a auprès d'Allāh est meilleur, pour les pieux. Il y a certes, parmi les gens du Livre, ceux qui croient en Allāh et en ce qu'on a fait descendre pour vous et en ce qu'on a fait descendre pour eux. Ils sont humbles envers Allāh, et ne vendent point les versets d'Allāh à vil prix. Voilà ceux dont la récompense est auprès de leur Seigneur. En vérité, Allāh est prompt à faire les comptes. Ô croyants ! Soyez endurants. Incitez-vous à l'endurance. Luttez constamment (contre l'ennemi) et craignez Allāh, afin que vous réussissiez ! »[1]

﴿ إِنَّ فِي خَلۡقِ ٱلسَّمَٰوَٰتِ وَٱلۡأَرۡضِ وَٱخۡتِلَٰفِ ٱلَّيۡلِ وَٱلنَّهَارِ لَأٓيَٰتٖ
لِّأُوْلِي ٱلۡأَلۡبَٰبِ ١٩٠ ٱلَّذِينَ يَذۡكُرُونَ ٱللَّهَ قِيَٰمٗا وَقُعُودٗا وَعَلَىٰ جُنُوبِهِمۡ
وَيَتَفَكَّرُونَ فِي خَلۡقِ ٱلسَّمَٰوَٰتِ وَٱلۡأَرۡضِ رَبَّنَا مَا خَلَقۡتَ هَٰذَا بَٰطِلٗا
سُبۡحَٰنَكَ فَقِنَا عَذَابَ ٱلنَّارِ ١٩١ رَبَّنَآ إِنَّكَ مَن تُدۡخِلِ ٱلنَّارَ فَقَدۡ
أَخۡزَيۡتَهُۥۖ وَمَا لِلظَّٰلِمِينَ مِنۡ أَنصَارٖ ١٩٢ رَبَّنَآ إِنَّنَا سَمِعۡنَا مُنَادِيٗا يُنَادِي

[1] (3: 190-200) Sūrat Āl 'Imrān (La Famille d'Imrān) : Versets 190-200 ; Al-Bukhārī : 8/237 et Muslim : 1/53.

لِلْإِيمَٰنِ أَنْ ءَامِنُوا۟ بِرَبِّكُمْ فَـَٔامَنَّا ۚ رَبَّنَا فَٱغْفِرْ لَنَا ذُنُوبَنَا وَكَفِّرْ عَنَّا
سَيِّـَٔاتِنَا وَتَوَفَّنَا مَعَ ٱلْأَبْرَارِ ﴿١٩٣﴾ رَبَّنَا وَءَاتِنَا مَا وَعَدتَّنَا عَلَىٰ رُسُلِكَ وَلَا
تُخْزِنَا يَوْمَ ٱلْقِيَٰمَةِ ۗ إِنَّكَ لَا تُخْلِفُ ٱلْمِيعَادَ ﴿١٩٤﴾ فَٱسْتَجَابَ لَهُمْ رَبُّهُمْ
أَنِّى لَآ أُضِيعُ عَمَلَ عَٰمِلٍ مِّنكُم مِّن ذَكَرٍ أَوْ أُنثَىٰ ۖ بَعْضُكُم مِّنۢ بَعْضٍ ۖ
فَٱلَّذِينَ هَاجَرُوا۟ وَأُخْرِجُوا۟ مِن دِيَٰرِهِمْ وَأُوذُوا۟ فِى سَبِيلِى وَقَٰتَلُوا۟ وَقُتِلُوا۟
لَأُكَفِّرَنَّ عَنْهُمْ سَيِّـَٔاتِهِمْ وَلَأُدْخِلَنَّهُمْ جَنَّٰتٍ تَجْرِى مِن تَحْتِهَا ٱلْأَنْهَٰرُ ثَوَابًا
مِّنْ عِندِ ٱللَّهِ ۗ وَٱللَّهُ عِندَهُۥ حُسْنُ ٱلثَّوَابِ ﴿١٩٥﴾ لَا يَغُرَّنَّكَ تَقَلُّبُ ٱلَّذِينَ
كَفَرُوا۟ فِى ٱلْبِلَٰدِ ﴿١٩٦﴾ مَتَٰعٌ قَلِيلٌ ثُمَّ مَأْوَىٰهُمْ جَهَنَّمُ ۚ وَبِئْسَ ٱلْمِهَادُ ﴿١٩٧﴾
لَٰكِنِ ٱلَّذِينَ ٱتَّقَوْا۟ رَبَّهُمْ لَهُمْ جَنَّٰتٌ تَجْرِى مِن تَحْتِهَا ٱلْأَنْهَٰرُ خَٰلِدِينَ
فِيهَا نُزُلًا مِّنْ عِندِ ٱللَّهِ ۗ وَمَا عِندَ ٱللَّهِ خَيْرٌ لِّلْأَبْرَارِ ﴿١٩٨﴾ وَإِنَّ مِنْ أَهْلِ
ٱلْكِتَٰبِ لَمَن يُؤْمِنُ بِٱللَّهِ وَمَآ أُنزِلَ إِلَيْكُمْ وَمَآ أُنزِلَ إِلَيْهِمْ خَٰشِعِينَ لِلَّهِ
لَا يَشْتَرُونَ بِـَٔايَٰتِ ٱللَّهِ ثَمَنًا قَلِيلًا ۗ أُو۟لَٰٓئِكَ لَهُمْ أَجْرُهُمْ عِندَ رَبِّهِمْ ۗ
إِنَّ ٱللَّهَ سَرِيعُ ٱلْحِسَابِ ﴿١٩٩﴾ يَٰٓأَيُّهَا ٱلَّذِينَ ءَامَنُوا۟ ٱصْبِرُوا۟ وَصَابِرُوا۟
وَرَابِطُوا۟ وَٱتَّقُوا۟ ٱللَّهَ لَعَلَّكُمْ تُفْلِحُونَ ﴿٢٠٠﴾ ۞

﴾ ’inna fī khalqi-s-samāwāti wa-l-’ardi wa-khtilāfi-l-layli wa-n-nahāri la-’āyātin li-’ūli-l-’albā̃b, a-l-ladhīna yadhkurūna-l-lāha qiyāma^{n}-w-wa qu‘ūda^{n}-w-wa ‘alā junūbihim wa yatafakkarūna fī khalqi-s-samāwāti wa-l-’ardi, rabbanā mā khalaqta hādhā bātila^{n} subhānaka faqinā ‘adhāba-n-nā̃r, rabbanā̃ ’innaka ma^{n} tudkhili-n-nāra faqad ’akhzaytahu wa mā li-zh-zhālimīna min ’a^{n}sār, rabbanā̃ ’innā sami‘nā munādiya^{n}-y-yunādī li-l-’īmāni ’an ’āminū bi-rabbikum fa-’āmannā, rabbanā fa-ghfir lanā dhunūbanā wa kaffir ‘annā sayyi’ātinā wa tawaffanā ma‘a-l-’abrā̃r, rabbanā wa ’ātinā mā wa‘adtanā ‘alā rusulika wa lā tukhzinā yawma-l-qiyāmati ’innaka lā tukhlifu-l-mī‘ā̃d, fa-stajāba lahum rabbuhum ’annī lā̃ ’udī‘u ‘amala ‘āmili^{n}-m-mi^{n}kum-m-mi^{n} dhakarin ’aw ’u^{n}thā ba‘dukum-m-mi^{n} ba‘d, fa-l-ladhīna hājarū wa ’ukhrijū mi^{n} diyārihim wa ’ūdhū fī sabīlī wa qātalū wa qutilū la-’ukaffiranna ‘anhum sayyi’ātihim wa la-’udkhilannahum jannāti^{n} tajrī mi^{n} tahtiha-l-’anhāru thawāba^{n}-m-min ‘i^{n}di-l-lāhi wa-l-lāhu ‘i^{n}dahu husnu-th-thawā̃b, lā yaghurrannaka taqallubu-l-ladhīna kafarū fi-l-bilā̃d, matā‘u^{n} qalīlu^{n} thumma ma’wāhum jahannamu wa bi’sa-l-mihā̃d, lākini-l-ladhīna-t-taqaw rabbahum lahum jannātu^{n} tajrī mi^{n} tahtiha-l-’anhāru khālidīna fīhā, nuzula^{n}-m-min ‘i^{n}di-l-lāhi wa mā ‘i^{n}da-l-lāhi khayru^{n} li-l-’abrā̃r, wa ’inna min ’ahli-l-kitābi lama^{n}-y-yu’minu bi-l-lāhi wa mā̃ ’u^{n}zila ’ilaykum wa mā̃ ’u^{n}zila ’ilayhim khāshi‘īna li-l-lāhi lā yashtarūna bi-’āyāti-l-lāhi thamana^{n} qalīlan, ’ulā̃’ika lahum ’ajruhum ‘i^{n}da rabbihim ’inna-l-lāha sarī‘u-l-hisā̃b, yā̃ ’ayyuha-l-ladhīna ’āmanu-sbirū wa sābirū wa rābitū wa-t-taqū-l-lāha la‘allakum tuflihū̃n ﴿

Lorsque l'on s'habille

دُعَاءُ لَبْسِ الثَّوْبِ

• Louange à Allāh qui m'a habillé de ceci (ce vêtement) et qui m'en a pourvu, sans efforts de ma part.[1]

« اَلْحَمْدُ لِلَّهِ الَّذِي كَسَانِي هَذَا (الثَّوْبَ) وَرَزَقَنِيهِ مِنْ غَيْرِ حَوْلٍ مِنِّي وَلَا قُوَّة ».

al-hamdu li-lāhi-l-ladhī kasānī hādhā (-th-thawba) wa razaqanīhi min ghayri hawlin minnī wa lā quwwa.

• Ô Seigneur ! Louange à Toi qui m'as habillé (de ce vêtement), je T'implore afin de profiter de ses bienfaits et du bien pour lequel il a été fabriqué et je me réfugie auprès de Toi contre ses méfaits et le mal pour lequel il a été fabriqué.[2] (Pour le port d'un nouveau vêtement).

« اَللَّهُمَّ لَكَ الْحَمْدُ أَنْتَ كَسَوْتَنِيهِ، أَسْأَلُكَ مِنْ خَيْرِهِ وَخَيْرِ مَا صُنِعَ لَهُ، وَأَعُوذُ بِكَ مِنْ شَرِّهِ وَشَرِّ مَا صُنِعَ لَهُ ».

allāhumma laka-l-hamdu anta kasawtanīhi, as'aluka min khayrihi wa khayri mā suni'a lahu, wa a'ūdhu bika min sharrihi wa sharri mā suni'a lahu.

[1] Abū Dāwud et At-Tirmidhī, voir : Irwā'u-l-ghalīl : 7/47.
[2] Abū Dāwud et At-Tirmidhī et Al-Baghawī.

A celui qui porte un nouveau vêtement
اَلدُّعَاءُ لِمَنْ لَبِسَ ثَوْبًا جَدِيدًا

• Puisses-tu user ce vêtement, et puisse Allāh, l'Exalté, t'en donner davantage.[1]

« تُبْلِي وَيُخْلِفُ اللهُ تَعَالَى ».

tublī wa yukhlifu-l-lāhu ta'ālā.

• Puisses-tu porter des vêtements neufs, vivre décemment, et mourir en martyr.[2]

« اِلْبَسْ جَدِيدًا، وَعِشْ حَمِيدًا، وَمُتْ شَهِيدًا ».

ilbis jadīdan, wa 'ish hamīdan, wa mut shahīdā.

Avant de se déshabiller
مَا يَقُولُ إِذَا وَضَعَ الثَّوْبَ

• Au nom d'Allāh.[3]

« بِسْمِ اللهِ ».

bismi-l-lāh.

---

[1] Abū Dāwud : 4/41.
[2] Ibn Māja : 2/1178.
[3] At-Tirmidhī :2/505.

En entrant aux toilettes
دُعَاءُ دُخُولِ الْخَلَاءِ

• (Au nom d'Allāh) Ô Seigneur ! Je me place sous Ta protection contre les djinns mâles et femelles.[1]

« {بِسْمِ اللهِ}، اللَّهُمَّ إِنِّي أَعُوذُ بِكَ مِنَ الْخُبْثِ وَالْخَبَائِثِ ».

[bismi-l-lāhi], allāhumma innī a'ūdhu bika mina-l-khubthi wa-l-khabā'ith.

En sortant des toilettes
دُعَاءُ الْخُرُوجِ مِنَ الْخَلَاءِ

• Pardonne-moi, (Ô Seigneur) ![2]

« غُفْرَانَكَ ».

ghufrānak.

---

[1] Al-Bukhārī : 1/45 et Muslim : 1/283. L'ajout, au début, est de Sa'īd Ibn Manṣūr.

[2] Abū Dāwud et At-Tirmidhī, voir : Zād Al-Ma'ād : 2/387.

Avant les ablutions
اَلذِّكْرُ قَبْلَ الْوُضُوءِ

• Au nom d'Allāh.[1]

« بِسْمِ اللهِ ».

bismi-l-lāh.

Après les ablutions
اَلذِّكْرُ بَعْدَ الْفَرَاغِ مِنَ الْوُضُوءِ

• J'atteste qu'il n'y a point de divinité digne d'adoration en dehors d'Allāh, l'Unique, qui n'a point d'associé, et j'atteste que Mu<u>h</u>ammad est Son serviteur et Son Messager.[2]

« أَشْهَدُ أَنْ لَا إِلَهَ إِلَّا اللهُ وَحْدَهُ لَا شَرِيكَ لَهُ، وَأَشْهَدُ أَنَّ مُحَمَّدًا عَبْدُهُ وَرَسُولُهُ ».

a<u>sh</u>hadu an lā ilāha illā-l-lāhu wa<u>h</u>dahu lā <u>sh</u>arīka lahu, wa a<u>sh</u>hadu anna mu<u>h</u>ammadan 'abduhu wa rasūluh.

---

[1] Abū Dāwud et Ibn Māja, voir : Irwā'u-l-<u>gh</u>alīl.
[2] Muslim : 1/209.

• Ô Seigneur ! Compte-moi parmi ceux qui se repentent et ceux qui se purifient.[1]

« اَللَّهُمَّ اجْعَلْنِي مِنَ التَّوَّابِينَ، وَاجْعَلْنِي مِنَ الْمُتَطَهِّرِينَ ».

allāhumma-j'alnī mina-t-tawwābīna, wa-j'alnī mina-l-mutaṯahhirīn.

• Gloire et louanges à Toi Seigneur, j'atteste qu'il n'y a point de divinité digne d'adoration en dehors de Toi, j'implore Ton pardon et je me repens auprès de Toi.[2]

« سُبْحَانَكَ اللَّهُمَّ وَبِحَمْدِكَ، أَشْهَدُ أَنْ لَا إِلَهَ إِلَّا أَنْتَ، أَسْتَغْفِرُكَ وَأَتُوبُ إِلَيْكَ ».

subḫānaka-l-lāhumma wa bi-ḫamdika, ashhadu an lā ilāha illā anta, astaghfiruka wa atūbu ilayka.

En sortant de la maison

اَلذِّكْرُ عِنْدَ الْخُرُوجِ مِنَ الْمَنْزِلِ

• Au nom d'Allāh, je place ma confiance en Allāh, il n'y a de force ni de puissance que par Lui.[3]

« بِسْمِ اللهِ، تَوَكَّلْتُ عَلَى اللهِ، لَا حَوْلَ وَلَا قُوَّةَ إِلَّا بِاللهِ ».

bismi-l-lāhi, tawakkaltu 'alā-l-lāhi, wa lā ḫawla wa lā quwwata illā bi-l-lāh.

---

[1] At-Tirmidhī : 1/78.
[2] An-Nasā'ī, voir : Irwā'u-l-ghalīl : 1/135 ; 4/325.
[3] Abū Dāwud : 4/325 et At-Tirmidhī : 5/490.

• Ô Seigneur, je cherche protection auprès de Toi contre le fait d'égarer ou d'être égaré, de pousser quelqu'un à commettre un mal ou d'être poussé à en commettre un moi-même, contre le fait de commettre une injustice ou d'en subir une, de faire preuve d'ignorance à l'égard des autres ou d'être moi-même victime de l'ignorance d'autrui ![1]

« اَللَّهُمَّ إِنِّي أَعُوذُ بِكَ أَنْ أَضِلَّ أَوْ أُضَلَّ، أَوْ أَزِلَّ أَوْ أُزَلَّ، أَوْ أَظْلِمَ أَوْ أُظْلَمَ، أَوْ أَجْهَلَ أَوْ يُجْهَلَ عَلَيَّ ».

allāhumma innī a'ūdhu bika an adilla aw udalla, aw azilla aw uzalla, aw azhlima aw uzhlama, aw ajhala aw yujhala 'alayy.

En entrant chez soi

اَلذِّكْرُ عِنْدَ دُخُولِ الْمَنْزِلِ

• Au nom d'Allāh nous entrons, et au nom d'Allāh nous sortons, et en Allāh nous plaçons notre confiance (ensuite on salue la famille).[2]

« بِسْمِ اللهِ وَلَجْنَا، وَبِسْمِ اللهِ خَرَجْنَا، وَعَلَى رَبِّنَا تَوَكَّلْنَا ». ثُمَّ لِيُسَلِّمْ عَلَى أَهْلِهِ.

bismi-l-lāhi walajnā, wa bismi-l-lāhi kharajnā, wa 'alā rabbinā tawakkalnā.

---

1 Ibn Māja : 2/336 et At-Tirmidhī : 3/152.
2 Abū Dāwud : 4/325.

En allant à la mosquée

دُعَاءُ الذَّهَابِ إِلَى الْمَسْجِدِ

• Ô Seigneur ! Fais que mon cœur, ma langue, mon ouïe, et ma vue soient illuminés, place une lumière au-dessus de moi, en dessous de moi, à ma droite, à ma gauche, devant moi et derrière moi, et illumine mon âme, intensifie cette lumière, étends cette lumière, procure-moi de la lumière, fais de moi une lumière. Ô Seigneur ! Procure-moi de la lumière, et illumine mes nerfs, ma chair, mon sang, mes cheveux et ma peau.[1]

• Ô Seigneur, illumine ma tombe et mes os.[2]

• Accrois cette lumière, accrois cette lumière, accrois cette lumière.[3]

• Accorde-moi lumière sur lumière.[4]

« اَللَّهُمَّ اجْعَلْ فِي قَلْبِي نُورًا، وَفِي لِسَانِي نُورًا، وَفِي سَمْعِي نُورًا، وَفِي بَصَرِي نُورًا، وَفَوْقِي نُورًا، وَتَحْتِي نُورًا، وَعَنْ يَمِينِي نُورًا، وَعَنْ يَسَارِي نُورًا، وَأَمَامِي نُورًا، وَخَلْفِي نُورًا، وَاجْعَلْ فِي نَفْسِي نُورًا، وأَعْظِمْ لِي نُورًا، وَعَظِّمْ لِي نُورًا، وَاجْعَلْ لِي نُورًا، وَاجْعَلْنِي نُورًا، اللَّهُمَّ أَعْطِنِي نُورًا، وَاجْعَلْ فِي عَصَبِي نُورًا، وَفِي لَحْمِي نُورًا، وَفِي دَمِي نُورًا، وَفِي شَعْرِي نُورًا، وَفِي بَشَرِي نُورًا ».

---

[1] Al-Bukhārī : 11/116.
[2] At-Tirmidhī : 5/483.
[3] Al-Bukhārī dans Al-Adab Al-Mufrad : n°536.
[4] bī ʻĀsim, voir Al-Fath : 11/118.

« اَللَّهُمَّ اجْعَلْ لِي نُورًا فِي قَبْرِي وَنُورًا فِي عِظَامِي ».

« وَزِدْنِي نُورًا، وَزِدْنِي نُورًا، وَزِدْنِي نُورًا ».

« وَهَبْ لِي نُورًا عَلَى نُورٍ ».

allāhumma-j'al fī qalbī nūran, wa fī lisānī nūran, wa fī sam'ī nūran, wa fī basarī nūran, wa fawqī nūran, wa tahtī nūran, wa 'an yamīnī nūran, wa 'an yasārī nūran, wa amāmī nūran, wa khalfī nūran, wa-j'al fī nafsī nūran, wa a'zhim lī nūran, wa 'azhzhim lī nūran, wa-j'al-lī nūran, wa-j'alnī nūran, allāhumma a'tinī nūran, wa-j'al fī 'asābī nūran, wa fī lahmī nūran, wa fī damī nūran, wa fī sha'rī nūran, wa fī basharī nūr.

allāhumma-j'al lī nūran fī qabrī wa nūran fī 'izhāmī.

wa zidnī nūran, wa zidnī nūran, wa zidnī nūr.

wa hab lī nūran 'alā nūr.

En entrant à la mosquée

دُعَاءُ دُخُولِ الْمَسْجِدِ

• Je me réfugie auprès d'Allāh, le Très-Grand, auprès de Son visage majestueux et de Son royaume éternel, contre Satan le maudit.[1]

« أَعُوذُ بِاللهِ الْعَظِيمِ، وَبِوَجْهِهِ الْكَرِيمِ، وَسُلْطَانِهِ الْقَدِيمِ، مِنَ الشَّيْطَانِ الرَّجِيمِ ».

a'ūdhu bi-l-lāhi-l-'azhīmi, wa bi-wajhihi-l-karīmi, wa sultānihi-l-qadīmi, mina-sh-shaytāni-r-rajīm.

[1] Abū Dāwud : voir Sahīhu-l-Jāmi' n°4591.

• Au nom d'Allāh, que la prière et le salut soient sur le Messager d'Allāh.

« بِسْمِ اللهِ، والصَّلَاةُ وَالسَّلَامُ عَلَى رَسُولِ اللهِ ».

bismi-l-lāhi, wa-ṣ-ṣalātu wa-s-salāmu 'alā rasūli-l-lāh.

• Ô Seigneur ! Ouvre-moi les portes de Ta miséricorde.[1]

« اَللَّهُمَّ افْتَحْ لِي أَبْوَابَ رَحْمَتِكَ ».

allāhumma-ftaḥ lī abwāba raḥmatik.

En sortant de la mosquée
دُعَاءُ الْخُرُوجِ مِنَ الْمَسْجِدِ

• Au nom d'Allāh, que la prière et le salut soient sur le Messager d'Allāh. Ô Seigneur ! J'implore Ta grâce. Ô Seigneur ! Préserve-moi de Satan le maudit.[2]

« بِسْمِ اللهِ وَالصَّلَاةُ وَالسَّلَامُ عَلَى رَسُولِ اللهِ، اللَّهُمَّ إِنِّي أَسْأَلُكَ مِنْ فَضْلِكَ، اللَّهُمَّ اعْصِمْنِي مِنَ الشَّيْطَانِ الرَّجِيمِ ».

bismi-l-lāhi wa-ṣ-ṣalātu wa-s-salāmu 'alā rasūli-l-lāhi, allāhumma innī as'aluka min faḏlika, allāhumma-'ṣimnī mina-sh-shayṭāni-r-rajīm.

[1] Muslim : 1/494.
[2] Ibn Māja : 1/129.

En entendant l'appel à la prière
أَذْكَارُ الْأَذَانِ

• Répéter les paroles du muezzin, à l'exception de « accourez à la prière, accourez à la félicité » que l'on remplace par : « **Il n'y a de force ni de puissance que par Allāh.** »[1]

« لَا حَوْلَ وَلَا قُوَّةَ إِلَّا بِاللهِ ».

lā ḫawla wa lā quwwata illā bi-l-lāh.

• Après la parole du muezzin : « J'atteste qu'il n'y a point de divinité digne d'adoration en dehors d'Allāh… », dites : « Et j'atteste également qu'il n'y a point de divinité digne d'adoration en dehors d'Allāh, l'Unique, sans associé et que Muḫammad est Son Serviteur et Messager ; j'agrée Allāh comme Seigneur, Muḫammad comme Messager et l'Islam comme religion. »[2]

« وَأَنَا أَشْهَدُ أَنْ لَا إِلَهَ إِلَّا اللهُ وَحْدَهُ لَا شَرِيكَ لَهُ، وَأَنَّ مُحَمَّدًا عَبْدُهُ وَرَسُولُهُ، رَضِيتُ بِاللهِ رَبًّا، وَبِمُحَمَّدٍ رَسُولًا، وَبِالْإِسْلَامِ دِينًا »، يَقُولُ ذَلِكَ عَقِبَ تَشَهُّدِ الْمُؤَذِّنِ.

[1] Al-Bukhārī : 1/152 et Muslim : 1/228.
[2] Muslim : 1/290.

wa anā ashhadu an lā ilāha illā-l-lāhu wahdahu lā sharīka lahu, wa anna muhammadan ‘abduhu wa rasūluhu, radītu bi-l-lāhi rabban, wa bi-muhammadin rasūlan, wa bi-l-islāmi dīnā.

• A la fin de l’appel, priez sur le Prophète ﷺ.[1]

يُصَلِّي عَلَى النَّبِيِّ صَلَّى اللهُ عَلَيْهِ وَسَلَّمَ بَعْدَ فَرَاغِهِ مِنْ إِجَابَةِ الْمُؤَذِّنِ.

• Et dites : « Ô Seigneur, Maître de cet appel parfait et de la prière que l’on va accomplir, accorde à Muhammad le pouvoir d’intercéder (le Jour du Jugement) et accorde-lui la place d’honneur [au Paradis], et ressuscite-le dans la noble position que Tu lui as promise. (Car Tu ne manques jamais à Ta promesse). »[2]

« اَللَّهُمَّ رَبَّ هَذِهِ الدَّعْوَةِ التَّامَّةِ، وَالصَّلَاةِ الْقَائِمَةِ، آتِ مُحَمَّدًا الْوَسِيلَةَ وَالْفَضِيلَةَ، وَابْعَثْهُ مَقَامًا مَحْمُودًا الَّذِي وَعَدْتَهُ، (إِنَّكَ لَا تُخْلِفُ الْمِيعَادَ) ».

allāhumma rabba hādhihi-d-da‘wati-t-tāma, wa-s-salāti-l-qā’ima, āti muhammadani-l-wasīlata wa-l-fadīla, wa-b‘athhu maqāman mahmūdan-i-l-ladhī wa‘adtah (innaka lā tukhlifu-l-mī‘ād).

• Invoquez Allāh pour vous-mêmes entre les deux appels (al-adhān et al-iqāma), car l’invocation n’y est pas rejetée.[3]

يَدْعُو لِنَفْسِهِ بَيْنَ الْأَذَانِ وَالْإِقَامَةِ فَإِنَّ الدُّعَاءَ حِينَئِذٍ لَا يُرَدُّ.

---

[1] Muslim : 1/228.

[2] Al-Bukhārī : 1/152, à l’exception de l’ajout entre parenthèses rapporté par Al-Bayhaqī : 1/410.

[3] Abū Dāwud et At-Tirmidhī, voir : Irwā’u-l-ghalīl : 1/262.

A l'ouverture de la prière

دُعَاءُ الاِسْتِفْتَاحِ

• Ô Seigneur ! Eloigne de moi mes péchés comme Tu as éloigné l'Orient de l'Occident. Ô Seigneur ! Purifie-moi de mes pêchés comme on nettoie le vêtement blanc des impuretés. Ô Seigneur ! Purifie-moi de mes péchés avec la neige, l'eau et la grêle.[1]

« اَللَّهُمَّ بَاعِدْ بَيْنِي وَبَيْنَ خَطَايَايَ كَمَا بَاعَدْتَ بَيْنَ الْمَشْرِقِ وَالْمَغْرِبِ، اللَّهُمَّ نَقِّنِي مِنْ خَطَايَايَ كَمَا يُنَقَّى الثَّوْبُ الأَبْيَضُ مِنَ الدَّنَسِ، اللَّهُمَّ اغْسِلْ خَطَايَايَ بِالْمَاءِ وَالثَّلْجِ وَالْبَرَدِ ».

allāhumma bā'id baynī wa bayna khaṭāyāya kamā bā'adta bayna-l-mashriqi wa-l-maghribi, allāhumma naqqinī min khaṭāyāya kamā yunaqqā-th-thawbu-l-abyaḏu mina-d-danasi, allāhumma-ghsil khaṭāyāya bi-l-mā'i wa-th-thalji wa-l-barad.

• Gloire et louanges à Toi, ô Seigneur. Béni soit Ton nom, exaltée soit Ta majesté, il n'y a point de divinité digne d'adoration en dehors de Toi.[2]

« سُبْحَانَكَ اللَّهُمَّ وَبِحَمْدِكَ، وَتَبَارَكَ اسْمُكَ، وَتَعَالَى جَدُّكَ، وَلَا إِلَهَ غَيْرُكَ ».

subḫānaka-l-lāhumma wa bi-ḫamdika, wa tabāraka-smuka, wa ta'ālā jadduka, wa lā ilāha ghayruk.

---

[1] Al-Bukhārī : 1/181 et Muslim : 1/419.

[2] Rapporté pas les auteurs des Quatre Sunan, voir Sahīh At-Tirmidhī : 1/77 et Sahīh Ibn Māja : 1/135.

• Je tourne mon visage vers Celui qui a créé les cieux et la terre en pur monothéiste et je ne suis point du nombre des associateurs. En vérité, ma prière, mes actes de dévotion, ma vie et ma mort appartiennent à Allāh, Seigneur de l'univers. Nul associé avec Lui, voilà ce qui m'a été ordonné, et je fais partie de ceux qui se soumettent. Ô Seigneur, c'est Toi le Roi, il n'y a point de divinité digne d'adoration en dehors de Toi. Tu es mon Seigneur et je suis Ton serviteur, je me suis fait du tort et je reconnais mon péché, pardonne-moi tous mes péchés, car il n'y a personne qui pardonne les péchés en dehors de Toi. Guide-moi, Seigneur, vers le meilleur comportement, car il n'y a personne qui m'y conduise en dehors de Toi. Et éloigne-moi du mauvais comportement, car il n'y a personne qui m'en éloigne hormis Toi. Me voilà, ô Allāh ! Tout le bien est entre Tes mains et le mal ne peut provenir de Toi, je n'existe que par Toi et c'est vers Toi que se fera mon retour, Béni et Elevé sois-Tu, je Te demande pardon et devant Toi je me repens.[1]

« وَجَّهْتُ وَجْهِيَ لِلَّذِي فَطَرَ السَّمَاوَاتِ وَالْأَرْضَ حَنِيفًا وَمَا أَنَا مِنَ الْمُشْرِكِينَ، إِنَّ صَلَاتِي وَنُسُكِي وَمَحْيَايَ وَمَمَاتِي لِلَّهِ رَبِّ الْعَالَمِينَ، لَا شَرِيكَ لَهُ وَبِذَلِكَ أُمِرْتُ وَأَنَا مِنَ الْمُسْلِمِينَ. اللَّهُمَّ أَنْتَ الْمَلِكُ، لَا إِلَهَ إِلَّا أَنْتَ أَنْتَ رَبِّي وَأَنَا عَبْدُكَ، ظَلَمْتُ نَفْسِي وَاعْتَرَفْتُ بِذَنْبِي، فَاغْفِرْ لِي ذُنُوبِي جَمِيعًا، إِنَّهُ لَا يَغْفِرُ الذُّنُوبَ إِلَّا أَنْتَ، وَاهْدِنِي لِأَحْسَنِ الْأَخْلَاقِ، لَا يَهْدِي لِأَحْسَنِهَا إِلَّا أَنْتَ، وَاصْرِفْ عَنِّي سَيِّئَهَا، لَا يَصْرِفُ عَنِّي سَيِّئَهَا إِلَّا أَنْتَ، لَبَّيْكَ وَسَعْدَيْكَ وَالْخَيْرُ كُلُّهُ بِيَدَيْكَ وَالشَّرُّ لَيْسَ إِلَيْكَ، أَنَا بِكَ وَإِلَيْكَ، تَبَارَكْتَ وَتَعَالَيْتَ، أَسْتَغْفِرُكَ وَأَتُوبُ إِلَيْكَ ».

---

[1] Muslim : 1/534.

wajjahtu wajhiya li-l-ladhī fatara-s-samāwāti wa-l-arda hanīfan wa mā anā mina-l-mushrikīna, inna salātī wa nusukī wa mahyāya wa mamātī li-l-lāhi rabbi-l-'ālamīn, lā sharīka lahu wa bi-dhālika umirtu wa anā mina-l-muslimīn, allāhumma anta-l-maliku, lā ilāha illā anta, anta rabbī wa anā 'abduka, zhalamtu nafsī wa-'taraftu bidhanbī, fa-ghfir lī dhunūbī jamī'an, innahu lā yaghfiru-dh-dhunūba illā anta, wa-hdinī li-ahsani-l-akhlāqi, lā yahdī li-ahsanihā illā anta, wa-s-rif 'annī sayyi'ahā, lā yasrifu 'annī sayyi'ahā illā anta, labbayka wa sa'dayka, wa-l-khayru kulluhu bi-yadayka, wa-sh-sharru laysa ilayka, anā bika wa ilayka, tabārakta wa ta'ālayta, astaghfiruka wa atūbu ilayk.

• Ô Seigneur, Toi le Maître de Jibrīl (Gabriel ﷺ), de Mīkā'īl (Michaël) et d'Isrāfīl, le Créateur des cieux et de la terre, Toi qui connais parfaitement le monde invisible et le monde visible, c'est Toi qui trancheras entre Tes serviteurs à propos de leurs divergences, Guide-moi, avec Ta permission, vers la vérité au sujet de laquelle on a divergé, car Tu guides certainement qui Tu veux vers le droit chemin.[1]

« اَللَّهُمَّ رَبَّ جِبْرَائِيلَ وَمِيكَائِيلَ وَإِسْرَافِيلَ، فَاطِرَ السَّمَاوَاتِ وَالْأَرْضِ، عَالِمَ الْغَيْبِ وَالشَّهَادَةِ، أَنْتَ تَحْكُمُ بَيْنَ عِبَادِكَ فِيمَا كَانُوا فِيهِ يَخْتَلِفُونَ، اِهْدِنِي لِمَا اخْتُلِفَ فِيهِ مِنَ الْحَقِّ بِإِذْنِكَ، إِنَّكَ تَهْدِي مَنْ تَشَاءُ إِلَى صِرَاطٍ مُسْتَقِيمٍ ».

allāhumma rabba jibrā'īla wa mīkā'īla wa isrāfīla, fātira-s-samāwāti wa-l-ardi, 'ālima-l-ghaybi wa-sh-shahādati, anta tahkumu bayna 'ibādika fīmā kānū fīhi yakhtalifūna, ihdinī lima-khtulifa fīhi mina-l-haqqi bi-idhnika, innaka tahdī man tashā'u ilā sirātin mustaqīm.

---

[1] Muslim : 1/534.

• Allāh est le Plus Grand, Allāh est le Plus Grand, Allāh est le Plus Grand. Que nombreuses soient les louanges à Allāh, nombreuses soient les louanges à Allāh, nombreuses soient les louanges à Allāh. Gloire à Allāh à l'aube et au déclin du jour, gloire à Allāh à l'aube et au déclin du jour, gloire à Allāh à l'aube et au déclin du jour. Je cherche protection auprès d'Allāh contre Satan, contre ses insufflations à l'orgueil, son encouragement à l'interdit (la poésie) et le fait qu'il soit la cause d'une mort subite. [1]

« اَللهُ أَكْبَرُ كَبِيرًا، اللهُ أَكْبَرُ كَبِيرًا، اللهُ أَكْبَرُ كَبِيرًا، الْحَمْدُ لِلَّهِ كَثِيرًا، الْحَمْدُ لِلَّهِ كَثِيرًا، الْحَمْدُ لِلَّهِ كَثِيرًا، وَسُبْحَانَ اللهِ بُكْرَةً وَأَصِيلًا، وَسُبْحَانَ اللهِ بُكْرَةً وَأَصِيلًا، وَسُبْحَانَ اللهِ بُكْرَةً وَأَصِيلًا. أَعُوذُ بِاللهِ مِنَ الشَّيْطَانِ الرَّجِيمِ: مِنْ نَفْخِهِ، وَنَفْثِهِ، وَهَمْزِهِ ».

allāhu akbaru kabīrā, allāhu akbaru kabīrā, allāhu akbaru kabīrā, al-ḫamdu li-l-lāhi kaṯhīrā, al-ḫamdu li-l-lāhi kaṯhīrā, al-ḫamdu li-l-lāhi kaṯhīrā, wa subḫāna-l-lāhi bukratan wa aṣīlā, wa subḫāna-l-lāhi bukratan wa aṣīlā, wa subḫāna-l-lāhi bukratan wa aṣīlā, a'ūḏhu bi-l-lāhi mina-s̱h-s̱haytāni-r-rajīmi : min nafḵhihi, wa nafṯhihi, wa hamzih.

---

[1] Abū Dāwud : 1/203 et Ibn Māja : 1/265.

• Ô Seigneur ! A Toi la louange, Tu es la lumière des cieux et de la terre et de tous ceux qui s'y trouvent. A Toi la louange, Tu es Celui qui gouverne les cieux et la terre et tous ceux qui s'y trouvent. (A Toi la louange, Tu es le Seigneur des cieux et de la terre et de tous ceux qui s'y trouvent.) (A Toi la louange, à Toi la royauté des cieux et de la terre et de tous ceux qui s'y trouvent). (A Toi la louange, Tu es le Maître des cieux et de la terre.) (A Toi la louange.) (Tu es la vérité, Ta promesse est vérité, Ta parole est vérité, Ta rencontre [au Jour du Jugement] est vérité, le Paradis est vérité, l'Enfer est vérité, les Prophètes sont vérité, Muhammad ﷺ est vérité et l'Heure [du Jugement] est vérité.) (Ô Seigneur, c'est à Toi que je me suis soumis, en Toi que je place ma confiance et ma foi, et c'est vers Toi que je reviens pour toute chose. Par Toi je combats (Tes ennemis) et avec Ta loi je juge. Pardonne-moi donc mes péchés passés et futurs, ceux commis en secret et ceux commis en public.) (C'est Toi qui fais avancer et qui fais reculer, nulle divinité digne d'adoration en dehors de Toi.) (Tu es Celui que j'adore, il n'y a point de divinité digne d'adoration en dehors de Toi.)[1]

[1] Al-Bukhārī, voir Al-Fath : 3/3, 11/116, 13/371 et Muslim : 1/532. Le Prophète ﷺ le disait quand il se réveillait pour prier durant la nuit.

« اللَّهُمَّ لَكَ الْحَمْدُ، أَنْتَ نُورُ السَّمَاوَاتِ وَالْأَرْضِ وَمَنْ فِيهِنَّ، وَلَكَ الْحَمْدُ أَنْتَ قَيِّمُ السَّمَاوَاتِ وَالْأَرْضِ وَمَنْ فِيهِنَّ (وَلَكَ الْحَمْدُ أَنْتَ رَبُّ السَّمَاوَاتِ وَالْأَرْضِ وَمَنْ فِيهِنَّ)، (وَلَكَ الْحَمْدُ، لَكَ مُلْكُ السَّمَاوَاتِ وَالْأَرْضِ وَمَنْ فِيهِنَّ)، (وَلَكَ الْحَمْدُ أَنْتَ مَلِكُ السَّمَاوَاتِ وَالْأَرْضِ)، (وَلَكَ الْحَمْدُ)، (أَنْتَ الْحَقُّ، وَوَعْدُكَ الْحَقُّ، وَقَوْلُكَ حَقٌّ، وَلِقَاؤُكَ حَقٌّ، وَالْجَنَّةُ حَقٌّ، وَالنَّارُ حَقٌّ، وَالنَّبِيُّونَ حَقٌّ، وَمُحَمَّدٌ صَلَّى اللهُ عَلَيْهِ وَسَلَّمَ حَقٌّ، وَالسَّاعَةُ حَقٌّ)، (اللَّهُمَّ لَكَ أَسْلَمْتُ، وَبِكَ آمَنْتُ، وَعَلَيْكَ تَوَكَّلْتُ، وَإِلَيْكَ أَنَبْتُ وَبِكَ خَاصَمْتُ، وَإِلَيْكَ حَاكَمْتُ، فَاغْفِرْ لِي مَا قَدَّمْتُ وَمَا أَخَّرْتُ، وَمَا أَسْرَرْتُ وَمَا أَعْلَنْتُ)، (أَنْتَ الْمُقَدِّمُ وَأَنْتَ الْمُؤَخِّرُ، لَا إِلَهَ إِلَّا أَنْتَ)، (أَنْتَ إِلَهِي، لَا إِلَهَ إِلَّا أَنْتَ) ».

allāhumma laka-l-hamdu, anta nūru-s-samāwāti wa-l-ardi wa man fīhinna, wa laka-l-hamdu anta qayyimu-s-samāwāti wa-l-ardi wa man fīhinna [wa laka-l-hamdu anta rabbu-s-samāwāti wa-l-ardi wa man fīhinna], [wa laka-l-hamdu, laka mulku-s-samāwāti wa-l-ardi wa man fīhinna], [wa laka-l-hamdu anta maliku-s-samāwāti wa-l-ardi], [wa laka-l-hamdu], [anta-l-haqqu, wa wa'duka-l-haqqun, wa qawluka haqqun, wa liqā'uka haqqun, wa-l-jannatu haqqun, wa-n-nāru haqqun, wa-n-nabiyyūna haqqun, wa muhammadun sallā-l-lāhu 'alayhi wa sallama haqqun, wa-s-sā'atu haqqun]. [allāhumma laka aslamtu, wa bika āmantu, wa 'alayka tawakkaltu, wa ilayka anabtu, wa bika khāsamtu, wa ilayka hākamtu, fa-ghfir lī mā qaddamtu wa mā akhkhartu, wa mā asrartu wa mā a'lantu], [anta-l-muqaddimu wa anta-l-mu'akhkhiru, lā ilāha illā anta, anta ilāhī, lā ilāha illā ant].

Lors de l'inclinaison (Ar-Rukū')

دُعَاءُ الرُّكُوعِ

• Gloire à mon Seigneur le Très-Grand (Trois fois de suite au moins).[1]

« سُبْحَانَ رَبِّيَ الْعَظِيمِ ». ثَلَاثَ مَرَّاتٍ.

subhāna rabbiya-l-'āzhīm.

• Gloire et louanges à Toi, notre Seigneur. Ô Seigneur ! Pardonne-moi.[2]

« سُبْحَانَكَ اللَّهُمَّ رَبَّنَا وَبِحَمْدِكَ، اللَّهُمَّ اغْفِرْ لِي ».

subhānaka-l-lāhumma rabbanā wa bi-hamdika, allāhumma-ghfir lī.

• Toi qui mérites amplement glorifications et sanctifications, Seigneur des anges et du Saint-Esprit (Gabriel).[3]

« سُبُّوحٌ، قُدُّوسٌ، رَبُّ الْمَلَائِكَةِ وَالرُّوحِ ».

subbūhun, quddūs, rabbu-l-malā'ikati wa-r-rūh.

• Ô Seigneur ! Pour Toi je m'incline, en Toi j'ai foi, et à Toi je me soumets entièrement. Mon ouïe, ma vue, mon cerveau, mes os et mes nerfs et tout ce que mes pieds portent s'humilient devant Toi.[4]

---

[1] Abū Dāwud et At-Tirmidhī, voir Sahīh At-Tirmidhī : 1/83.

[2] Al-Bukhārī : 1/99 et Muslim : 1/350.

[3] Muslim : 1/353.

[4] Muslim : 1/534.

« اَللَّهُمَّ لَكَ رَكَعْتُ، وَبِكَ آمَنْتُ، وَلَكَ أَسْلَمْتُ، خَشَعَ لَكَ سَمْعِي وَبَصَرِي وَمُخِّي وَعَظْمِي وَعَصَبِي وَمَا اسْتَقَلَّتْ بِهِ قَدَمِي ».

allāhumma laka raka‘tu, wa bika āmantu, wa laka aslamtu, khasha‘a laka sam‘ī wa basarī wa damī wa lahmī wa ‘azhmī wa ‘asabī wa ma-staqallat bihi qadamī.

- Gloire à Celui qui est digne de détenir le pouvoir, la souveraineté, l'orgueil, et la grandeur absolus.[1]

« سُبْحَانَ ذِي الْجَبَرُوتِ، وَالْمَلَكُوتِ، وَالْكِبْرِيَاءِ، وَالْعَظَمَةِ ».

subhāna dhī-l-jabarūti, wa-l-malakūti, wa-l-kibriyā'i, wa-l-‘azhama.

En se relevant de l'inclinaison
دُعَاءُ الرَّفْعِ مِنَ الرُّكُوعِ

- Qu'Allāh exauce celui qui Le loue ![2]

« سَمِعَ اللهُ لِمَنْ حَمِدَهُ ».

sami‘a-l-lāhu li-man hamidah.

---

[1] Abū Dāwud : 1/230 et An-Nasā'ī.
[2] Al-Bukhārī, voir Al-Fath : 2/282.

• Louanges à Toi, notre Seigneur, que la louange qui Te revient soit abondante, pure et bénie.[1]

« رَبَّنَا وَلَكَ الْحَمْدُ، حَمْدًا كَثِيرًا طَيِّبًا مُبَارَكًا فِيهِ ».

rabanā wa laka-l-ḫamdu, ḫamdan kaṯẖīran ṯayyiban mubārakan fīh.

• De tout ce que contiennent les cieux, la terre et ce qu'il y a entre les deux, et tout ce que Tu voudras au-delà de cela, Ô Toi, Digne d'éloges et de grandeur, voici la parole la plus véridique que Ton serviteur puisse prononcer, or nous sommes tous Tes serviteurs. Nul ne peut retenir ce que Tu donnes et nul ne peut donner ce que Tu retiens, et la fortune du riche ne lui sera d'aucune utilité contre Toi.[2]

« .... مِلْءَ السَّمَاوَاتِ وَمِلْءَ الْأَرْضِ وَمَا بَيْنَهُمَا، وَمِلْءَ مَا شِئْتَ مِنْ شَيْءٍ بَعْدُ، أَهْلَ الثَّنَاءِ وَالْمَجْدِ، أَحَقُّ مَا قَالَ الْعَبْدُ، وَكُلُّنَا لَكَ عَبْدٌ، اللَّهُمَّ لَا مَانِعَ لِمَا أَعْطَيْتَ، وَلَا مُعْطِيَ لِمَا مَنَعْتَ، وَلَا يَنْفَعُ ذَا الْجَدِّ مِنْكَ الْجَدُّ ».

mil'a-s-samāwāti wa-mil'a-l-arḏi wa mā baynahumā, wa mil'a mā s̲h̲i'ta min s̲h̲ay'in ba'du, ahla-t̲h̲-t̲h̲anā'i wa-l-majdi, aḫaqqu mā qāla-l-'abdu wa kullunā laka 'abdun, allāhumma lā māni'a li-mā a'ṯayta, wa lā mu'ṯiya limā mana'ta, wa lā yanfa'u d̲h̲ā-l-jaddi minka-l-jadd.

[1] Al-Buk̲h̲ārī, voir Al-Fatḫ : 2/284.
[2] Muslim : 1/346.

Lors de la prosternation

دُعَاءُ السُّجُودِ

• Gloire à mon Seigneur le Plus-Haut (au moins trois fois).[1]

« سُبْحَانَ رَبِّيَ الْأَعْلَى ». ثَلَاثَ مَرَّاتٍ.

subhāna rabbiya-l-a'lā.

• Gloire et louanges à Toi, notre Seigneur. Ô Seigneur ! Pardonne-moi.[2]

« سُبْحَانَكَ اللَّهُمَّ رَبَّنَا وَبِحَمْدِكَ، اللَّهُمَّ اغْفِرْ لِي ».

subhānaka-l-lāhumma rabbanā wa bihamdika, allāhumma-ghfir lī.

• Toi qui mérites amplement glorifications et sanctifications, Seigneur des anges et du Saint-Esprit (Gabriel).[3]

« سُبُّوحٌ، قُدُّوسٌ، رَبُّ الْمَلَائِكَةِ وَالرُّوحِ ».

subbūhun, quddūsun, rabbu-l-malā'ikati wa-r-rūh.

---

[1] Abū Dāwud et At-Tirmidhī, voir Sahīh At-Tirmidhī : 1/83.
[2] Al-Bukhārī et Muslim n°34.
[3] Muslim : 1/533.

• Ô Seigneur ! C'est devant Toi que je me prosterne, c'est en Toi que j'ai foi, et à Toi que je me soumets complètement. Mon visage s'est prosterné devant Celui qui l'a créé, lui a donné forme, et lui a accordé l'ouïe et la vue. Béni soit Allāh, le Meilleur des créateurs.[1]

« اَللَّهُمَّ لَكَ سَجَدْتُ، وَبِكَ آمَنْتُ، وَلَكَ أَسْلَمْتُ، سَجَدَ وَجْهِي لِلَّذِي خَلَقَهُ فَصَوَّرَهُ وَشَقَّ سَمْعَهُ وَبَصَرَهُ، فَتَبَارَكَ اللهُ أَحْسَنُ الْخَالِقِينَ ».

allāhumma laka sajadtu, wa bika āmantu, wa laka aslamtu, sajada wajhī li-l-ladhī khalaqahu fa-sawwarahu wa shaqqa sam'ahu wa basarahu, fa-tabāraka-l-lāhu ahsanu-l-khāliqīn.

• Gloire à Celui qui est Digne de détenir le pouvoir, la souveraineté, l'orgueil, et la grandeur absolus.[2]

« سُبْحَانَ ذِي الْجَبَرُوتِ، وَالْمَلَكُوتِ، وَالْكِبْرِيَاءِ، وَالْعَظَمَةِ ».

subhāna dhī-l-jabarūti, wa-l-malakūti, wa-l-kibriyā'i, wa-l-'azhama.

• Ô Seigneur ! Pardonne-moi tous mes péchés, des moins graves aux plus graves, des premiers aux derniers, qu'ils aient été commis en public ou en secret.[3]

« اَللَّهُمَّ اغْفِرْ لِي ذَنْبِي كُلَّهُ، دِقَّهُ وَجِلَّهُ، وَأَوَّلَهُ وَآخِرَهُ، وَعَلاَنِيَتَهُ وَسِرَّهُ ».

allāhumma-ghfir lī dhanbī kullahu, diqqahu wa jillāhu, wa awwalahu wa ākhirahu, wa 'alāniyyatahu wa sirrah.

---

[1] Muslim : 1/534.
[2] Abū Dāwud : 1/230 et An-Nasā'ī.
[3] Muslim : 1/350.

• Ô Seigneur ! Je cherche protection auprès de Ta satisfaction contre Ton courroux, auprès de Ton pardon contre Ton châtiment et auprès de Toi contre Toi-même. Je ne pourrais Te louer autant que Tu ne le mérites, Tu es comme Tu T'es loué Toi-même.[1]

« اَللَّهُمَّ أَعُوذُ بِرِضَاكَ مِنْ سَخَطِكَ، وَبِمُعَافَاتِكَ مِنْ عُقُوبَتِكَ، وَأَعُوذُ بِكَ مِنْكَ، لَا أُحْصِي ثَنَاءً عَلَيْكَ، أَنْتَ كَمَا أَثْنَيْتَ عَلَى نَفْسِكَ ».

allāhumma a'ūdhu bi-ridāka min sakhatika, wa bi-mu'āfātika min 'uqūbatika, wa a'ūdhu bika minka, lā uhsī thanā'an 'alayka, anta kamā athnayta 'alā nafsik.

Entre les deux prosternations

دُعَاءُ الْجَلْسَةِ بَيْنَ السَّجْدَتَيْنِ

• Ô Seigneur, pardonne-moi ! Ô Seigneur, pardonne-moi ![2]

« رَبِّ اغْفِرْ لِي، رَبِّ اغْفِرْ لِي ».

rabbi-ghfir lī, rabbi-ghfir lī.

---

[1] Muslim : 1/352.

[2] Abū Dāwud : 1/231, voir Sahīh Ibn Māja : 1/148.

• Ô Seigneur ! Pardonne-moi, sois Clément envers moi, guide-moi, panse mes blessures, assure-moi le salut, procure-moi ma subsistance et élève-moi.[1]

« اَللَّهُمَّ اغْفِرْ لِي، وَارْحَمْنِي، وَاهْدِنِي، وَاجْبُرْنِي، وَعَافِنِي، وَارْزُقْنِي، وَارْفَعْنِي ».

allāhumma-ghfir lī, wa-r-hamnī, wa-hdinī, wa-jburnī, wa 'āfinī, wa-rzuqnī, wa-rfa'nī.

Lors de la prosternation de la récitation du Coran
دُعَاءُ سُجُودِ التِّلَاوَةِ

• Mon visage s'est prosterné devant Celui qui l'a créé, qui lui a accordé l'ouïe et la vue par Sa force et Sa puissance. ﴿ Que soit donc glorifié Allāh, le Meilleur des créateurs. ﴾[2]

« سَجَدَ وَجْهِي لِلَّذِي خَلَقَهُ، وَصَوَّرَهُ، وَشَقَّ سَمْعَهُ، وَبَصَرَهُ، بِحَوْلِهِ وَقُوَّتِهِ ﴿ فَتَبَارَكَ ٱللَّهُ أَحْسَنُ ٱلْخَـٰلِقِينَ ﴾ ».

sajada wajhī li-l-ladhī khalaqahu, wa sawwarahu, wa shaqqa sam'ahu, wa basarahu, bi-hawlihi wa quwwatihi, ﴿ fa-tabāraka-l-lāhu ahsanu-l-khāliqīn. ﴾

---

[1] Rapporté par les auteurs d'As-Sunan à l'exception d'An-Nasā'ī ; voir Sahīh At-Tirmidhī : 1/90 et Sahīh Ibn Māja : 1/148.

[2] At-Tirmidhī : 2/474 ; Ahmad : 6/30 et Al-Hākim, établi et confirmé par Adh-Dhahabī : 1/220 ; (23 : 14) Sūrat Al-Mu'minūn (Les Croyants) Verset : 14.

• Ô Seigneur ! Accorde-moi une récompense auprès de Toi (par cette prosternation), décharge-moi (grâce à elle) d'un fardeau, conserve-la auprès de Toi comme une provision pour moi-même et accepte-la de ma part comme Tu l'as acceptée de la part de Ton serviteur Dāwud (David).[1]

« اَللَّهُمَّ اكْتُبْ لِي بِهَا عِنْدَكَ أَجْرًا، وَضَعْ عَنِّي بِهَا وِزْرًا، وَاجْعَلْهَا لِي عِنْدَكَ ذُخْرًا، وَتَقَبَّلْهَا مِنِّي كَمَا تَقَبَّلْتَهَا مِنْ عَبْدِكَ دَاوُدَ ».

allāhumma-ktub lī bihā 'indaka ajran, wa da' 'annī bihā wizrān, wa-j'alhā lī 'indaka dhukhrān, wa taqabbalhā minnī kamā taqabbaltahā min 'abdika Dāwud.

L'attestation de foi (At-Tashahhud)
اَلتَّشَهُّدُ

• Les salutations reviennent à Allāh ainsi que les prières et les bonnes œuvres. Que la paix soit sur toi, ô Prophète ainsi que la miséricorde d'Allāh et Ses bénédictions. Que la paix soit sur nous et sur les pieux serviteurs d'Allāh. J'atteste qu'il n'y a point de divinité digne d'adoration en dehors d'Allāh et j'atteste que Muhammad est Son Serviteur et Messager.[2]

---

[1] At-Tirmidhī : 2/473 et Al-Hākim, établi et confirmé par Adh-Dhahabī : 1/219.

[2] Al-Bukhārī, voir Al-Fath : 2/311 et Muslim : 1/301.

« اَلتَّحِيَّاتُ لِلَّهِ، وَالصَّلَوَاتُ، وَالطَّيِّبَاتُ، السَّلَامُ عَلَيْكَ أَيُّهَا النَّبِيُّ وَرَحْمَةُ اللهِ وَبَرَكَاتُهُ، السَّلَامُ عَلَيْنَا وَعَلَى عِبَادِ اللهِ الصَّالِحِينَ، أَشْهَدُ أَنْ لَا إِلَهَ إِلَّا اللهُ، وَأَشْهَدُ أَنَّ مُحَمَّدًا عَبْدُهُ وَرَسُولُهُ ».

at-tahiyyātu li-l-lāhi, wa-s-salawātu, wa-t-tayyibātu, as-salāmu 'alayka ayyuhā-n-nabiyyu wa rahmatu-l-lāhi wa barakātuhu, as-salāmu 'alaynā wa 'alā 'ibādi-l-lāhi-s-sālihīna, ashhadu an lā ilāha illā-l-lāhu, wa ashhadu anna muhammadan 'abduhu wa rasūluh.

La prière sur le Prophète ﷺ après l'attestation de foi

اَلصَّلَاةُ عَلَى النَّبِيِّ صَلَّى اللهُ عَلَيْهِ وَسَلَّمَ بَعْدَ التَّشَهُّدِ

• Ô Seigneur ! Prie sur Muhammad et sur sa famille comme Tu as prié sur Ibrāhīm (Abraham) et sur sa famille, Tu es certes Digne de louange et de glorification. Ô Seigneur ! Bénis Muhammad et sa famille comme Tu as béni Ibrāhīm et sa famille, Tu es certes Digne de louange et de glorification.[1]

« اَللَّهُمَّ صَلِّ عَلَى مُحَمَّدٍ، وَعَلَى آلِ مُحَمَّدٍ، كَمَا صَلَّيْتَ عَلَى إِبْرَاهِيمَ، وَعَلَى آلِ إِبْرَاهِيمَ، إِنَّكَ حَمِيدٌ مَجِيدٌ، اللَّهُمَّ بَارِكْ عَلَى مُحَمَّدٍ، وَعَلَى آلِ مُحَمَّدٍ، كَمَا بَارَكْتَ عَلَى إِبْرَاهِيمَ، وَعَلَى آلِ إِبْرَاهِيمَ، إِنَّكَ حَمِيدٌ مَجِيدٌ ».

[1] Al-Bukhārī, voir Al-Fath : 6/408.

allāhumma salli ‘alā muhammadin, wa ‘alā āli muhammadin, kamā sallayta ‘alā Ibrāhimā, wa ‘alā āli Ibrāhima, innaka hamīdun majīdun, allāhumma bārik ‘alā muhammadin, wa ‘alā āli muhammadin, kamā bārakta ‘alā Ibrāhimā, wa ‘alā āli Ibrāhima, innaka hamīdun majīd.

- Ô Seigneur ! Prie sur Muhammad, ses épouses et sa descendance comme Tu as prié sur la famille d’Ibrāhīm, et bénis Muhammad, ses épouses et sa descendance comme Tu as béni la famille d’Ibrāhīm. Tu es certes Digne de louange et de glorification.[1]

« اَللَّهُمَّ صَلِّ عَلَى مُحَمَّدٍ وَعَلَى أَزْوَاجِهِ وَذُرِّيَّتِهِ، كَمَا صَلَّيْتَ عَلَى إِبْرَاهِيمَ. وَبَارِكْ عَلَى مُحَمَّدٍ وَأَزْوَاجِهِ وَذُرِّيَّتِهِ، كَمَا بَارَكْتَ عَلَى آلِ إِبْرَاهِيمَ. إِنَّكَ حَمِيدٌ مَجِيدٌ ».

allāhumma salli ‘alā muhammadin wa ‘alā azwājihi wa dhurriyyatihi, kamā sallayta ‘alā Ibrāhīma, wa bārik ‘alā muhammadin wa ‘alā azwājihi wa dhurriyyatihi, kamā bārakta ‘alā āli ibrāhīma. Innaka hamīdun majīd.

---

[1] Al-Bukhārī, voir Al-Fath : 6/407 et Muslim : 1/306.

Entre le dernier Tashahhud et les salutations finales

اَلدُّعَاءُ بَعْدَ التَّشَهُّدِ الْأَخِيرِ وَقَبْلَ السَّلَامِ

• Ô Seigneur ! Je cherche protection auprès de Toi contre le châtiment de la tombe, contre le supplice de l'Enfer, contre la tentation de la vie et de la mort, et contre la tentation de l'Antéchrist.[1]

« اَللَّهُمَّ إِنِّي أَعُوذُ بِكَ مِنْ عَذَابِ الْقَبْرِ، وَمِنْ عَذَابِ جَهَنَّمَ، وَمِنْ فِتْنَةِ الْمَحْيَا وَالْمَمَاتِ، وَمِنْ شَرِّ فِتْنَةِ الْمَسِيحِ الدَّجَّالِ ».

allāhumma innī a'ūdhu bika min 'adhābi-l-qabri, wa min 'adhābi jahannama, wa min fitnati-l-mahyā wa-l-mamāti, wa min sharri fitnati-l-masīhi-d-dajjāl.

• Ô Seigneur ! Je cherche protection auprès de Toi contre le châtiment de la tombe, je cherche protection auprès de Toi contre la tentation de l'Antéchrist, et je cherche protection auprès de Toi contre la tentation de la vie et de la mort. Ô Seigneur ! Je cherche protection auprès de Toi contre ce qui mène au péché et contre les lourdes dettes.[2]

« اَللَّهُمَّ إِنِّي أَعُوذُ بِكَ مِنْ عَذَابِ الْقَبْرِ، وَأَعُوذُ بِكَ مِنْ فِتْنَةِ الْمَسِيحِ الدَّجَّالِ، وَأَعُوذُ بِكَ مِنْ فِتْنَةِ الْمَحْيَا وَفِتْنَةِ الْمَمَاتِ، اللَّهُمَّ إِنِّي أَعُوذُ بِكَ مِنَ الْمَأْثَمِ وَالْمَغْرَمِ ».

---

[1] Al-Bukhārī : 2/102 et Muslim : 1/412.
[2] Al-Bukhārī : 1/202 et Muslim : 1/412.

allāhumma innī a‘ūdhu bika min ‘adhābi-l-qabri, wa a‘ūdhu bika min fitnati-l-masīhi-d-dajjāli, wa a‘ūdhu bika min fitnati-l-mahyā wa fitnati-l-mamāti, allāhumma innī a‘ūdhu bika mina-l-ma’thami wa-l-maghram.

• Ô Seigneur ! Je me suis fait énormément de tort et Tu es le Seul à pouvoir pardonner les péchés. Accorde-moi donc Ton pardon et Ta miséricorde. Certes, c’est Toi le Pardonnant, le Très-Miséricordieux.[1]

« اَللَّهُمَّ إِنِّي ظَلَمْتُ نَفْسِي ظُلْمًا كَثِيرًا، وَلَا يَغْفِرُ الذُّنُوبَ إِلَّا أَنْتَ، فَاغْفِرْ لِي مَغْفِرَةً مِنْ عِنْدِكَ وَارْحَمْنِي، إِنَّكَ أَنْتَ الْغَفُورُ الرَّحِيمُ ».

allāhumma innī zhalamtu nafsī zhulman kathīran, wa lā yaghfiru-dh-dhunūba illā anta, fa-ghfir lī maghfiratan min ‘indika wa-rhamnī, innaka anta-l-ghafūru-r-rahīm.

• Ô Seigneur ! Pardonne-moi mes péchés passés et futurs, commis en secret ou en public, ceux que j’ai commis en excès et ceux que Tu connais mieux que moi. C’est Toi qui fais avancer et c’est Toi qui fais reculer. Il n’y a point de divinité digne d’adoration en dehors de Toi.[2]

« اَللَّهُمَّ اغْفِرْ لِي مَا قَدَّمْتُ وَمَا أَخَّرْتُ، وَمَا أَسْرَرْتُ وَمَا أَعْلَنْتُ، وَمَا أَسْرَفْتُ، وَمَا أَنْتَ أَعْلَمُ بِهِ مِنِّي. أَنْتَ الْمُقَدِّمُ، وَأَنْتَ الْمُؤَخِّرُ، لَا إِلَهَ إِلَّا أَنْتَ ».

---

[1] Al-Bukhārī : 8/168 et Muslim : 4/2078.
[2] Muslim : 1/534.

allāhumma-ghfir lī mā qaddamtu wa mā ak
wa mā asrartu wa mā a'lantu, wa mā asraft
anta a'lamu bihi minnī, anta-l-muqaddimu, wa
mu'akhkhiru, lā ilāha illā ant.

• Ô Seigneur ! Aide-moi à T'évoquer, à exprimer ma reconnaissance envers Toi et à parfaire mon adoration.[1]

« اَللَّهُمَّ أَعِنِّي عَلَى ذِكْرِكَ، وَشُكْرِكَ، وَحُسْنِ عِبَادَتِكَ ».

allāhumma a'innī 'alā dhikrika, wa shukrika, wa husni 'ibādatika.

• Ô Seigneur ! Je cherche protection auprès de Toi contre l'avarice. Je cherche protection auprès de Toi contre la lâcheté. Je cherche protection auprès de Toi contre le fait de retomber à l'âge le plus vil. Je cherche protection auprès de Toi contre la tentation de ce bas monde et contre les épreuves de la tombe.[2]

« اَللَّهُمَّ إِنِّي أَعُوذُ بِكَ مِنَ الْبُخْلِ، وَأَعُوذُ بِكَ مِنَ الْجُبْنِ، وَأَعُوذُ بِكَ مِنْ أَنْ أُرَدَّ إِلَى أَرْذَلِ الْعُمُرِ، وَأَعُوذُ بِكَ مِنْ فِتْنَةِ الدُّنْيَا وَعَذَابِ الْقَبْرِ ».

allāhumma innī a'ūdhu bika mina-l-bukhli, wa a'ūdhu bika mina-l-jubni, wa a'ūdhu bika min an uradda ilā ardhali-l-'umuri, wa a'ūdhu bika min fitnati-d-dunyā wa 'adhābi-l-qabr.

---

[1] Abū Dāwud : 2/86 et An-Nasā'ı : 3/53, authentifié par Al-Albānī dans Sahīhu Abū Dāwud : 1/284.

[2] Al-Bukhārī, voir Al-Fath : 6/35.

Ô Seigneur ! Je Te demande l'accès au Paradis et je me réfugie auprès de Toi contre l'entrée en Enfer.[1]

« اَللَّهُمَّ إِنِّي أَسْأَلُكَ الْجَنَّةَ، وَأَعُوذُ بِكَ مِنَ النَّارِ ».

allāhumma innī as'aluka-l-jannata, wa a'ū<u>dh</u>u bika mina-n-nār.

• Ô Seigneur ! Par Ta connaissance de l'invisible et Ton pouvoir sur la création, maintiens-moi en vie tant que Tu sais qu'elle est meilleure pour moi (que la mort) et fais-moi mourir si Tu sais que la mort est meilleure pour moi. Ô Seigneur ! Fais en sorte que je Te craigne en secret et en public. Je Te demande la parole de vérité dans les moments de satisfaction et de colère. Accorde-moi le juste milieu dans les situations de richesse et de pauvreté. Je Te demande un bien-être et une jouissance pour les yeux qui ne s'épuisent pas. Je Te demande d'être agréé après que Tu aies prononcé Ton jugement. Je Te demande une vie paisible après la mort. Accorde-moi la satisfaction de pouvoir voir Ton visage et le désir ardent de Te rencontrer sans qu'aucun dommage ne me nuise, ni qu'aucune tentation ne m'égare. Ô Seigneur ! Fais que la foi illumine notre visage et l'embellisse et fais de nous des guides bien guidés.[2]

« اَللَّهُمَّ بِعِلْمِكَ الْغَيْبَ وَقُدْرَتِكَ عَلَى الْخَلْقِ، أَحْيِنِي مَا عَلِمْتَ الْحَيَاةَ خَيْرًا لِي، وَتَوَفَّنِي إِذَا عَلِمْتَ الْوَفَاةَ خَيْرًا لِي، اللَّهُمَّ إِنِّي أَسْأَلُكَ خَشْيَتَكَ فِي الْغَيْبِ وَالشَّهَادَةِ، وَأَسْأَلُكَ كَلِمَةَ الْحَقِّ فِي الرِّضَا وَالْغَضَبِ، وَأَسْأَلُكَ الْقَصْدَ فِي الْغِنَى وَالْفَقْرِ، وَأَسْأَلُكَ نَعِيمًا

---

[1] Abū Dāwud et Ibn Māja voir <u>S</u>a<u>h</u>ī<u>h</u> Ibn Māja : 2/328.

[2] An-Nasā'ī : 3/54 et A<u>h</u>mad : 4/364 authentifié par Al-Albānī dans <u>S</u>a<u>h</u>ī<u>h</u> An-Nasā'ī : 1/281.

لَا يَنْفَدُ، وَأَسْأَلُكَ قُرَّةَ عَيْنٍ لَا تَنْقَطِعُ، وَأَسْأَلُكَ الرِّضَا بَعْدَ الْقَضَاءِ، وَأَسْأَلُكَ بَرْدَ الْعَيْشِ بَعْدَ الْمَوْتِ، وَأَسْأَلُكَ لَذَّةَ النَّظَرِ إِلَى وَجْهِكَ، وَالشَّوْقَ إِلَى لِقَائِكَ، مِنْ غَيْرِ ضَرَّاءَ مُضِرَّةٍ، وَلَا فِتْنَةٍ مُضِلَّةٍ، اللَّهُمَّ زَيِّنَّا بِزِينَةِ الْإِيمَانِ، وَاجْعَلْنَا هُدَاةً مُهْتَدِينَ ».

allāhumma bi-'ilmika-l-ghayba wa qudratika 'alā-l-khalqi, ahyinī mā 'alimta-l-hayāta khayran lī, wa tawaffanī idhā 'alimta-l-wafāta khayran lī, allāhumma innī as'aluka khashyataka fi-l-ghaybi wa-shshahādati, wa as'aluka kalimata-l-haqqi fi-r-ridā wa-l-ghadabi, wa as'aluka-l-qasda fi-l-ghinā wa-l-faqri, wa as'aluka na'īman lā yanfadhu, wa as'aluka qurrata 'aynin lā tanqati'u, wa as'aluka barda-l-'ayshi ba'da-l-mawti, wa as'aluka ladhdhata-n-nazhari ilā wajhika, wa-sh-shawqa ilā liqā'ika, min ghayri darrā'a mudirratin, wa lā fitnatin mudillatin, allāhumma zayinnā bi-zīnati-l-īmāni, wa-j'alnā hudātan muhtadīn.

• Ô Seigneur, je Te prie Toi Allāh - car Tu es l'Unique, le Seul, le Recours suprême, Celui qui n'a jamais enfanté et n'a pas été enfanté, Toi qui n'as aucun semblable - d'absoudre mes péchés ; c'est Toi le Pardonnant, le Très-Miséricordieux.[1]

« اَللَّهُمَّ إِنِّي أَسْأَلُكَ يَا اللهُ، بِأَنَّكَ الْوَاحِدُ الْأَحَدُ الصَّمَدُ، الَّذِي لَمْ يَلِدْ وَلَمْ يُولَدْ، وَلَمْ يَكُنْ لَهُ كُفُوًا أَحَدٌ، أَنْ تَغْفِرَ لِي ذُنُوبِي، إِنَّكَ أَنْتَ الْغَفُورُ الرَّحِيمُ ».

---

[1] An-Nasā'ī : 3/52 et Ahmad : 4/338 authentifié par Al-Albānī dans Sahīh An-Nasā'ī : 1/280.

allāhumma innī as'aluka yā allāhu, bi-'annaka anta-l-wāhidu-l-ahadu-s-samadu, al-ladhī lam yalid wa lam yūlad, wa lam yakun lahu kufuwan ahad, an taghfira lī dhunūbī, innaka, anta-l-ghafūru-r-rahīm.

• Ô Seigneur ! A Toi la louange, il n'y a point de divinité digne d'adoration en dehors de Toi, Seul, sans associé, Toi le Bienfaiteur, ô Créateur des cieux et de la terre, plein de majesté et de munificence, ô le Vivant, Celui qui subsiste par Lui-même, je te demande l'accès au Paradis et je me réfugie auprès de Toi contre l'entrée en Enfer.[1]

« اَللَّهُمَّ إِنِّي أَسْأَلُكَ بِأَنَّ لَكَ الْحَمْدُ، لَا إِلَهَ إِلَّا أَنْتَ وَحْدَكَ لَا شَرِيكَ لَكَ، الْمَنَّانُ، يَا بَدِيعَ السَّمَاوَاتِ وَالْأَرْضِ، يَا ذَا الْجَلَالِ وَالْإِكْرَامِ، يَا حَيُّ، يَا قَيُّومُ، إِنِّي أَسْأَلُكَ الْجَنَّةَ وَأَعُوذُ بِكَ مِنَ النَّارِ ».

allāhumma innī as'aluka bi-'anna laka-l-hamdu, lā ilāha illā anta wahdaka lā sharīka laka, al-mannānu, yā badī'a-s-samāwāti wa-l-ardi, yā dhā-l-jalāli wa-l-ikrāmi, yā hayyu, yā qayyūmu, innī as'aluka-l-jannata wa a'ūdhu bika mina-n-nār.

• Ô Seigneur ! Moi qui atteste qu'il n'y a point de divinité digne d'adoration en dehors de Toi, l'Unique, le Recours suprême, Celui qui n'a jamais enfanté et n'a pas été enfanté, et Celui qui n'a pas d'égal, je T'implore ![2]

---

[1] Rapporté par les auteurs d'As-Sunan, voir Sahīh Ibn Māja : 2/329.

[2] Abū Dāwud: 2/62, At-Tirmidhī : 5/515, Ibn Māja : 2/1267, Ahmad : 5/360, voir Sahīh Ibn Māja : 2/329 et Sahīh At-Tirmidhī : 3/163.

« اَللَّهُمَّ إِنِّي أَسْأَلُكَ بِأَنِّي أَشْهَدُ أَنَّكَ أَنْتَ اللهُ لَا إِلَهَ إِلَّا أَنْتَ، الْأَحَدُ الصَّمَدُ، الَّذِي لَمْ يَلِدْ وَلَمْ يُولَدْ، وَلَمْ يَكُنْ لَهُ كُفُوًا أَحَدٌ ».

allāhumma innī as'aluka bi-annī ashhadu annaka anta-l-lāhu lā ilāha illā anta, al-ahadu-s-samadu, al-ladhī lam yalid wa lam yūlad,wa lam yakun lahu kufuwan ahad.

Après la salutation (de fin de prière)

اَلْأَذْكَارُ بَعْدَ السَّلَامِ مِنَ الصَّلَاةِ

• Je demande pardon à Allāh (trois fois). Ô Seigneur ! Tu es la Paix et la paix vient de Toi. Béni sois-Tu, ô Toi qui es Digne de glorification et de munificence.[1]

« أَسْتَغْفِرُ اللهَ ». ثَلَاثَ مَرَّاتٍ.

« اللَّهُمَّ أَنْتَ السَّلَامُ، وَمِنْكَ السَّلَامُ، تَبَارَكْتَ يَا ذَا الْجَلَالِ وَالْإِكْرَامِ ».

astaghfiru-l-lāh (trois fois).

allāhumma anta-s-salāmu, wa minka-s-salāmu, tabārakta yā dhā-l-jalāli wa-l-ikrām.

• Il n'y a point de divinité digne d'adoration en dehors d'Allāh, Unique, sans associé. A Lui la royauté, à Lui la louange et Il est Omnipotent. Ô Seigneur ! Nul ne peut retenir ce que Tu donnes et nul ne peut donner ce que Tu retiens. La fortune du riche ne lui sera d'aucune utilité contre Toi.[2]

---

[1] Muslim : 1/414.

[2] Al-Bukhārī : 1/255 et Muslim : 1/414.

« لَا إِلَهَ إِلَّا اللهُ وَحْدَهُ لَا شَرِيكَ لَهُ، لَهُ الْمُلْكُ وَلَهُ الْحَمْدُ، وَهُوَ عَلَى كُلِّ شَيْءٍ قَدِيرٌ، اللَّهُمَّ لَا مَانِعَ لِمَا أَعْطَيْتَ وَلَا مُعْطِيَ لِمَا مَنَعْتَ، وَلَا يَنْفَعُ ذَا الْجَدِّ مِنْكَ الْجَدُّ ».

lā ilāha illā-l-lāhu wahdahu lā sharīka lahu, lahu-l-mulku wa lahu-l-hamdu, wa huwa 'alā kulli shay'in qadīrun,allāhumma lā māni'a limā a'ṭayta wa lā mu'ṭiya limā mana'ta, wa lā yanfa'u dhā-l-jaddi minka-l-jadd.

• Il n'y a point de divinité digne d'adoration en dehors d'Allāh Unique, sans associé. A Lui la royauté, à Lui la louange et Il est Omnipotent. Il n'y a de puissance ni de force que par Allāh. Point de divinité digne d'adoration en dehors d'Allāh, le Seul que nous adorons, à Lui la grâce et la générosité. C'est à Lui que reviennent les plus belles louanges. Point de divinité digne d'adoration en dehors d'Allāh. Nous Lui vouons un culte exclusif en dépit de la haine des mécréants.[1]

« لَا إِلَهَ إِلَّا اللهُ وَحْدَهُ لَا شَرِيكَ لَهُ، لَهُ الْمُلْكُ وَلَهُ الْحَمْدُ، وَهُوَ عَلَى كُلِّ شَيْءٍ قَدِيرٌ، لَا حَوْلَ وَلَا قُوَّةَ إِلَّا بِاللهِ، لَا إِلَهَ إِلَّا اللهُ، وَلَا نَعْبُدُ إِلَّا إِيَّاهُ، لَهُ النِّعْمَةُ، وَلَهُ الْفَضْلُ، وَلَهُ الثَّنَاءُ الْحَسَنُ، لَا إِلَهَ إِلَّا اللهُ، مُخْلِصِينَ لَهُ الدِّينَ وَلَوْ كَرِهَ الْكَافِرُونَ ».

lā ilāha illā-l-lāhu wahdahu lā sharīka lahu, lahu-l-mulku wa lahu-l-hamdu, wa huwa 'alā kulli shay'in qadīrun, lā hawla wa lā quwwata illā bi-l-lāhi, lā ilāha illā-l-lāhu, wa lā na'budu illā iyyāhu, lahu-n-ni'matu, wa lahu-l-fadlu, wa lahu-th-thanā'u-l-hasanu, lā ilāha illā-l-lāhu, mukhlisīna lahu-d-dīna wa law kariha-l-kāfirūn.

---

[1] Muslim : 1/415.

• Gloire à Allāh ! Louanges à Allāh
Plus Grand (trente-trois fois). Il n'y a
digne d'adoration en dehors d'Allāh
associé. A Lui la royauté, à Lui la l
Omnipotent.[1]

« سُبْحَانَ اللهِ، وَالْحَمْدُ لِلَّهِ، وَاللهُ أَكْبَرُ (ثَلَاثًا وَثَلَاثِينَ)، لَا إِلَهَ إِلَّا اللهُ وَحْدَهُ لَا شَرِيكَ لَهُ، لَهُ الْمُلْكُ، وَلَهُ الْحَمْدُ، وَهُوَ عَلَى كُلِّ شَيْءٍ قَدِيرٌ ».

subhāna-l-lāhi, wa-l-hamdu li-l-lāhi, wa-l-lāhu akbaru (trente trois fois).

lā ilāha illā-l-lāhu wahdahu lā sharīka lahu, lahu-l-mulku, wa lahu-l-hamdu, wa huwa 'alā kulli shay'in qadīr.

• Lire Sūrat Al-Ikhlās (Le Monothéisme Pur), Sūrat Al-Falaq (L'Aube Naissante), ainsi que Sūrat An-Nās (Les Hommes) après chaque prière.[2]

قِرَاءَةُ سُورَةِ الْإِخْلَاصِ وَسُورَةُ الْفَلَقِ وَسُورَةُ النَّاسِ بَعْدَ كُلِّ صَلَاةٍ.

﴿ قُلْ هُوَ ٱللَّهُ أَحَدٌ ۝١ ٱللَّهُ ٱلصَّمَدُ ۝٢ لَمْ يَلِدْ وَلَمْ يُولَدْ ۝٣ وَلَمْ يَكُن لَّهُۥ كُفُوًا أَحَدٌۢ ۝٤ ﴾

---

[1] Muslim : 1/418. Il est rapporté dans le hadīth que celui qui dit cette invocation à la fin de la prière, ses péchés seront pardonnés même s'ils étaient comme l'écume de la mer.

[2] Abū Dāwud : 2/86, An-Nasā'ī : 3/68 et voir Sahīh At-Tirmidhī : 2/8.

﴿ قُلْ أَعُوذُ بِرَبِّ ٱلْفَلَقِ ۝١ مِن شَرِّ مَا خَلَقَ ۝٢ وَمِن شَرِّ غَاسِقٍ

۝٣ وَمِن شَرِّ ٱلنَّفَّٰثَٰتِ فِى ٱلْعُقَدِ ۝٤ وَمِن شَرِّ حَاسِدٍ إِذَا حَسَدَ ۝٥ .

﴿ قُلْ أَعُوذُ بِرَبِّ ٱلنَّاسِ ۝١ مَلِكِ ٱلنَّاسِ ۝٢ إِلَٰهِ ٱلنَّاسِ ۝٣ مِن شَرِّ

ٱلْوَسْوَاسِ ٱلْخَنَّاسِ ۝٤ ٱلَّذِى يُوَسْوِسُ فِى صُدُورِ ٱلنَّاسِ ۝٥ مِنَ

ٱلْجِنَّةِ وَٱلنَّاسِ ۝٦ ﴾

bismi-l-lāhi-r-rahmāni-r-rahĩm :

﴿ qul huwa-l-lāhu 'ahad, allāhu-s-samad, lam yalid wa lam yūlad, wa lam yaku-l-lahu kufuwan 'ahad ﴾

bismi-l-lāhi-r-rahmāni-r-rahĩm :

﴿ qul 'a'ūdhu birabbi-l-falaq, mi^{n} sharri mā khalaq, wa mi^{n} sharri ghāsiqin 'idhā waqab, wa mi^{n} sharri-n-naffāthāti fi-l-'uqad, wa mi^{n} sharri hāsidin 'idhā hasad ﴾

bismi-l-lāhi-r-rahmāni-r-rahĩm :

﴿ qul 'a'ūdhu birabbi-n-nãs, maliki-n-nãs, 'ilahi-n-nãs, mi^{n} sharri-l-waswāsi-l-khannãs, alladhī yūwaswisu fī sudūri-n-nãs, mina-l-jinnati wa-n-nãs ﴾

• Réciter Āyatu-l-Kursī (Sūrat Al-Baqara, Verset 255) après chaque prière.[1]

﴿ ٱللَّهُ لَآ إِلَٰهَ إِلَّا هُوَ ٱلْحَىُّ ٱلْقَيُّومُ ۚ لَا تَأْخُذُهُۥ سِنَةٌ وَلَا نَوْمٌ ۚ لَّهُۥ مَا فِى ٱلسَّمَٰوَٰتِ وَمَا فِى ٱلْأَرْضِ ۗ مَن ذَا ٱلَّذِى يَشْفَعُ عِندَهُۥٓ إِلَّا بِإِذْنِهِۦ ۚ يَعْلَمُ مَا بَيْنَ أَيْدِيهِمْ وَمَا خَلْفَهُمْ ۖ وَلَا يُحِيطُونَ بِشَىْءٍ مِّنْ عِلْمِهِۦٓ إِلَّا بِمَا شَآءَ ۚ وَسِعَ كُرْسِيُّهُ ٱلسَّمَٰوَٰتِ وَٱلْأَرْضَ ۖ وَلَا يَـُٔودُهُۥ حِفْظُهُمَا ۚ وَهُوَ ٱلْعَلِىُّ ٱلْعَظِيمُ ﴿٢٥٥﴾ ﴾

﴿ allāhu lā̃ 'ilāha 'illā huwa-l-hayyu-l-qayyūmu, lā ta'khudhuhū sinatu^{n}-w-walā nawm, lahū mā fi-s-samāwāti wa mā fi-l-'ardi, ma^{n} dhā-lladhī yashfa'u 'i^{n}dahū̃ 'illā bi'idhnih, ya'lamu mā bayna 'aydīhim wa mā khalfahum, wa lā yuhītūna bishay'i^{n}-m-min 'ilmihī̃ 'illā bimā shā̃', wasi'a kursiyyuhu-s-samāwāti wa-l-'arda, wa lā ya'ūduhu hifzhuhumā wa huwa-l-'aliyyu-l'azhīm ﴾

• Il n'y a point de divinité digne d'adoration en dehors d'Allāh, l'Unique, sans associé, à Lui la royauté, à Lui la louange, Il fait vivre et mourir, Il est Omnipotent (dix fois après les prières du Maghrib et du Subh).[2]

« لَا إِلَهَ إِلَّا اللهُ وَحْدَهُ لَا شَرِيكَ لَهُ، لَهُ الْمُلْكُ وَلَهُ الْحَمْدُ، يُحْيِي وَيُمِيتُ، وَهُوَ عَلَى كُلِّ شَيْءٍ قَدِيرٌ ». عَشْرَ مَرَّاتٍ بَعْدَ صَلَاةِ الْمَغْرِبِ وَالصُّبْحِ.

---

[1] (2 : 255) Sūrat Al-Baqara (La Vache) : Verset 255. Rapporté par An-Nasā'ī dans *les actes de la journée et de la soirée*, n°100 et Ibn As-Sunnī n°121, authentifié par Al-Albānī dans Sahīhu-l-Jāmi' : 5/339.

[2] At-Tirmidhī : 5/515 et Ahmad : 4/227 ; voir Zād Al-Ma'ād : 1/300.

lā ilāha illā-l-lāhu wahdahu lā sharīka lahu, lahu-l-mulku wa lahu-l-hamdu, yuhyī wa yumītu, wa huwa 'alā kulli shay'in qadīr.

• Ô Seigneur ! Accorde-moi un savoir utile, une bonne subsistance et des œuvres agréées (après la prière du Fajr).[1]

« اَللَّهُمَّ إِنِّي أَسْأَلُكَ عِلْمًا نَافِعًا، وَرِزْقًا طَيِّبًا، وَعَمَلًا مُتَقَبَّلًا ».

بَعْدَ السَّلَامِ مِنْ صَلَاةِ الْفَجْرِ.

allāhumma innī as'aluka 'ilman nāfi'an, wa rizqan tayyiban, wa 'amalan mutaqabbalā.

La prière de consultation (Al-Istikhāra)

دُعَاءُ صَلَاةِ الْاِسْتِخَارَةِ

• Jābir Ibn 'Abdillāh ﷺ raconte : « Le Messager d'Allāh ﷺ nous enseignait la prière de consultation pour toutes les décisions à prendre comme il nous enseignait le Coran. Il disait : "*Lorsque l'un de vous décide de faire quelque chose, qu'il fasse deux rak'a surérogatoires, puis qu'il dise* :

Ô Seigneur ! Je fais appel à Ta connaissance et je T'implore, par Ta puissance, de m'accorder la capacité (d'entreprendre mon action) et j'implore Ton immense générosité, car Tu es certes Puissant et je suis

[1] Ibn Māja voir Sahīh Ibn Māja : 1/152 et Majma' Az-Zawā'id : 10/111.

impuissant, Tu sais tout tandis que je ne sais rien, et c'est Toi le Grand Connaisseur de l'inconnu. Ô Seigneur ! Si Tu sais que cette affaire - et il la nomme clairement - est une source de bien pour moi dans ma religion, dans la vie terrestre et céleste, destine-la-moi, facilite-la-moi, puis bénis-la-moi. Et si Tu sais que cette chose est, pour moi, une source de mal dans ma religion, dans la vie terrestre et céleste, détourne-la de moi et détourne-moi d'elle et prédestine-moi le bien, là où il se trouve, puis fais que j'en sois satisfait. [1]

عَنْ جَابِرِ بْنِ عَبْدِ اللهِ رَضِيَ اللهُ عَنْهُمَا قَالَ: كَانَ رَسُولُ اللهِ صَلَّى اللهُ عَلَيْهِ وَسَلَّمَ يُعَلِّمُنَا الاسْتِخَارَةَ فِي الْأُمُورِ كُلِّهَا، كَمَا يُعَلِّمُنَا السُّورَةَ مِنَ الْقُرْآنِ، يَقُولُ: إِذَا هَمَّ أَحَدُكُمْ بِالْأَمْرِ فَلْيَرْكَعْ رَكْعَتَيْنِ مِنْ غَيْرِ الْفَرِيضَةِ ثُمَّ لِيَقُلْ:

« اللَّهُمَّ إِنِّي أَسْتَخِيرُكَ بِعِلْمِكَ، وَأَسْتَقْدِرُكَ بِقُدْرَتِكَ، وَأَسْأَلُكَ مِنْ فَضْلِكَ الْعَظِيمِ، فَإِنَّكَ تَقْدِرُ وَلَا أَقْدِرُ، وَتَعْلَمُ وَلَا أَعْلَمُ، وَأَنْتَ عَلَّامُ الْغُيُوبِ، اللَّهُمَّ إِنْ كُنْتَ تَعْلَمُ أَنَّ هَذَا الْأَمْرَ خَيْرٌ لِي فِي دِينِي وَمَعَاشِي وَعَاقِبَةِ أَمْرِي (أَوْ قَالَ: عَاجِلِ أَمْرِي وَآجِلِهِ) فَاقْدُرْهُ لِي وَيَسِّرْهُ لِي ثُمَّ بَارِكْ لِي فِيهِ، وَإِنْ كُنْتَ تَعْلَمُ أَنَّ هَذَا الْأَمْرَ شَرٌّ لِي فِي دِينِي وَمَعَاشِي وَعَاقِبَةِ أَمْرِي (أَوْ قَالَ: فِي عَاجِلِ أَمْرِي وَآجِلِهِ) فَاصْرِفْهُ عَنِّي وَاصْرِفْنِي عَنْهُ، وَاقْدُرْ لِي الْخَيْرَ حَيْثُ كَانَ، ثُمَّ أَرْضِنِي بِهِ ».

---

[1] Al-Bukhārī : 7/162.

allāhumma innī astakhīruka bi-‘ilmika, wa astaqdiruka bi-qudratika, wa as’aluka min fadlika-l-‘azhīmi, fa-’innaka taqdiru wa lā aqdiru, wa ta‘lamu wa lā a‘lamu, wa anta ‘allāmmu-l-ghuyyūbi, allāhumma in kunta ta‘lamu anna hādhā-l-’amra khayrun lī fī dīnī wa ma‘āshī wa ‘āqibati amrī - ou encore : wa ‘ājili amrī wa ājilih - fa-qdurhu lī wa yassirhu lī thumma bārik lī fīh, wa in kunta ta‘lamu anna hādhā-l-’amra sharrun lī fī dīnī wa ma‘āshī wa ‘āqibati amrī - ou encore : wa ‘ājili amrī wa ājilih - fa-srifhu ‘annī wa-s-rifnī ‘anhu, wa-qdur lī-l-khayra haythu kāna, thumma ardinī bih.

• Celui qui consulte son Seigneur, cherche conseil auprès des hommes croyants et pieux et agit avec précaution dans toutes ses affaires n’éprouvera jamais de remords. Allāh, le Glorieux, a dit : ﴿ Et consulte-les à propos des affaires, puis une fois que tu t’es décidé, fais donc confiance à Allāh. ﴾ [1]

وَمَا نَدِمَ مَنِ اسْتَخَارَ الْخَالِقَ، وَشَاوَرَ الْمَخْلُوقِينَ الْمُؤْمِنِينَ وَتَثَبَّتَ فِي أَمْرِهِ، فَقَدْ قَالَ سُبْحَانَهُ:

﴿ وَشَاوِرْهُمْ فِي ٱلْأَمْرِ ۖ فَإِذَا عَزَمْتَ فَتَوَكَّلْ عَلَى ٱللَّهِ ﴾

[1] (3 : 159) Sūrat Āl ‘Imrān (La Famille d’Imrān) : Verset 159.

Les invocations du matin et du soir
أَذْكَارُ الصَّبَاحِ وَالْمَسَاءِ

- Réciter Āyatu-l-Kursī.[1]

أَعُوذُ بِاللهِ مِنَ الشَّيْطَانِ الرَّجِيمِ:

﴿ ٱللَّهُ لَآ إِلَٰهَ إِلَّا هُوَ ٱلْحَىُّ ٱلْقَيُّومُ ۚ لَا تَأْخُذُهُۥ سِنَةٌ وَلَا نَوْمٌ ۚ لَّهُۥ مَا فِى ٱلسَّمَٰوَٰتِ وَمَا فِى ٱلْأَرْضِ ۗ مَن ذَا ٱلَّذِى يَشْفَعُ عِندَهُۥٓ إِلَّا بِإِذْنِهِۦ ۚ يَعْلَمُ مَا بَيْنَ أَيْدِيهِمْ وَمَا خَلْفَهُمْ ۖ وَلَا يُحِيطُونَ بِشَىْءٍ مِّنْ عِلْمِهِۦٓ إِلَّا بِمَا شَآءَ ۚ وَسِعَ كُرْسِيُّهُ ٱلسَّمَٰوَٰتِ وَٱلْأَرْضَ ۖ وَلَا يَـُٔودُهُۥ حِفْظُهُمَا ۚ وَهُوَ ٱلْعَلِىُّ ٱلْعَظِيمُ ﴿٢٥٥﴾ ﴾

a'ūdhu bi-l-lāhi mina-sh-shaytāni-r-rajīm:

﴿ allāhu lā̃ 'ilāha 'illā huwa-l-hayyu-l-qayyūmu, lā ta'khudhuhū sinatu^{n}-w-walā nawm, lahu mā fi-s-samāwāti wa mā fi-l-'ardi, ma^{n} dhā-l-ladhī yashfa'u 'i^{n}dahū̃ 'illā bi'idhnih, ya'lamu mā bayna 'aydīhim wa mā khalfahum, wa lā yuhītūna bishay'i^{n}-m-min 'ilmihī̃ 'illā bimā shā̃', wasi'a kursiyyuhu-s-samāwāti wa-l-'arda, wa lā ya'ūduhu hifzhuhumā wa huwa-l-'aliyyu-l'azhī̃m ﴾

---

[1] (2 : 255) Le Verset du Trône, Sūrat Al-Baqara : Verset 255 ; rapporté par Al-Hākim : 1/562. Quiconque le récite le matin sera préservé des djinns jusqu'au soir, et quiconque le récite le soir en sera préservé jusqu'au matin.

• Réciter les Sūrat Al-Ikhlās (Le Monothéisme Pur), Al-Falaq (L'Aube Naissante) et An-Nās (Les Hommes), trois fois.[1]

قِرَاءَةُ سُورَةِ الْإِخْلَاصِ وَسُورَةُ الْفَلَقِ وَسُورَةُ النَّاسِ ثَلَاثَ مَرَّاتٍ.

﴿ قُلْ هُوَ ٱللَّهُ أَحَدٌ ۝١ ٱللَّهُ ٱلصَّمَدُ ۝٢ لَمْ يَلِدْ وَلَمْ يُولَدْ ۝٣ وَلَمْ
يَكُن لَّهُۥ كُفُوًا أَحَدٌۢ ۝٤ ﴾

﴿ قُلْ أَعُوذُ بِرَبِّ ٱلْفَلَقِ ۝١ مِن شَرِّ مَا خَلَقَ ۝٢ وَمِن شَرِّ
غَاسِقٍ إِذَا وَقَبَ ۝٣ وَمِن شَرِّ ٱلنَّفَّٰثَٰتِ فِى ٱلْعُقَدِ ۝٤ وَمِن
شَرِّ حَاسِدٍ إِذَا حَسَدَ ۝٥ ﴾

﴿ قُلْ أَعُوذُ بِرَبِّ ٱلنَّاسِ ۝١ مَلِكِ ٱلنَّاسِ ۝٢ إِلَٰهِ ٱلنَّاسِ ۝٣ مِن شَرِّ
ٱلْوَسْوَاسِ ٱلْخَنَّاسِ ۝٤ ٱلَّذِى يُوَسْوِسُ فِى صُدُورِ ٱلنَّاسِ ۝٥ مِنَ
ٱلْجِنَّةِ وَٱلنَّاسِ ۝٦ ﴾

bismi-l-lāhi-r-rahmāni-r-rahĩm :
﴿ qul huwa-l-lāhu 'ahad, allāhu-s-samad, lam yalid wa lam yūlad, wa lam yaku-l-lahu kufuwan 'ahad ﴾
bismi-l-lāhi-r-rahmāni-r-rahĩm :
﴿ qul 'a'ūdhu birabbi-l-falaq, mi^n sharri mā khalaq, wa mi^n sharri ghāsiqin 'idhā waqab, wa mi^n sharri-n-naffāthāti fi-l-'uqad, wa mi^n sharri hāsidin 'idhā hasad ﴾
bismi-l-lāhi-r-rahmāni-r-rahĩm :
﴿ qul 'a'ūdhu birabbi-n-nãs, maliki-n-nãs, 'ilahi-n-nãs, mi^n sharri-l-waswāsi-l-khannãs, alladhī yūswisu fī sudūri-n-nãs, mina-l-jinnati wa-n-nãs ﴾

[1] Abū Dāwud : 4/322 et At-Tirmidhī : 5/567, voir Sahīh At-Tirmidhī : 3/182. Quiconque les récite le matin ou le soir sera préservé de toute chose.

• Le jour se lève (ou la nuit tombe) et la royauté appartient à Allāh, louanges à Allāh, Il n'y a point de divinité digne d'adoration en dehors d'Allāh, Seul, sans associé. A Lui la royauté, à Lui la louange et Il est Omnipotent. Seigneur ! Accorde-moi le bien que contient cette journée (ou cette nuit) et le bien qui vient après elle. Et protège-moi contre le mal que contient ce jour (ou cette nuit) et le mal qui vient après. Ô Seigneur ! Protège-moi contre la paresse et les maux de la vieillesse. Protège-moi contre le châtiment de l'Enfer et contre les tourments de la tombe.[1]

« أَصْبَحْنَا وَأَصْبَحَ الْمُلْكُ لِلَّهِ، (أَوْ: أَمْسَيْنَا وَأَمْسَى الْمُلْكُ لِلَّهِ)، وَالْحَمْدُ لِلَّهِ، لَا إِلَهَ إِلَّا اللهُ وَحْدَهُ لَا شَرِيكَ لَهُ، لَهُ الْمُلْكُ وَلَهُ الْحَمْدُ وَهُوَ عَلَى كُلِّ شَيْءٍ قَدِيرٌ، رَبِّ أَسْأَلُكَ خَيْرَ مَا فِي هَذَا الْيَوْمِ (أَوْ: هَذِهِ اللَّيْلَةِ) وَخَيْرَ مَا بَعْدَهُ (أَوْ: بَعْدَهَا) وَأَعُوذُ بِكَ مِنْ شَرِّ مَا فِي هَذَا الْيَوْمِ (أَوْ: هَذِهِ اللَّيْلَةِ) وَشَرِّ مَا بَعْدَهُ (أَوْ: بَعْدَهَا)، رَبِّ أَعُوذُ بِكَ مِنَ الْكَسَلِ وَسُوءِ الْكِبَرِ، رَبِّ أَعُوذُ بِكَ مِنْ عَذَابٍ فِي النَّارِ وَعَذَابٍ فِي الْقَبْرِ ».

asbahnā wa asbaha-l-mulku li-l-lāhi (ou : amsaynā wa amsā-l-mulku li-l-lāhi) wa-l-hamdu li-l-lāhi, lā ilāha illā-l-lāhu wahdahu lā sharīka lahu, lahu-l-mulku wa lahu-l-hamdu wa huwa 'ala kulli shay'in qadīrun, rabbi as'aluka khayra mā fī hādhā-l-yawmi (ou : hādhihi-l-laylati) wa khayra mā ba'dahu (ou : ba'dahā), wa a'ūdhu bika min sharri mā fī hādhā-l-yawmi (ou : hādhihi-l-laylati) wa sharri mā ba'dahu (ou : ba'dahā), rabbi a'ūdhu bika mina-l-kasali wa sū'i-l-kibari, rabbi a'ūdhu bika min 'adhābin fi-n-nāri wa 'adhābin fi-l-qabr.

[1] Muslim : 4/2088.

• Ô Seigneur ! Grâce à Toi nous nous levons et grâce à Toi nous nous couchons. Grâce à Toi nous vivons et nous mourons, et c'est vers Toi que se fera la résurrection (notre destinée).[1]

« اَللَّهُمَّ بِكَ أَصْبَحْنَا وَبِكَ أَمْسَيْنَا، وَبِكَ نَحْيَا وَبِكَ نَمُوتُ، وَإِلَيْكَ النُّشُورُ ».

« اَللَّهُمَّ بِكَ أَمْسَيْنَا وَبِكَ أَصْبَحْنَا، وَبِكَ نَحْيَا وَبِكَ نَمُوتُ، وَإِلَيْكَ الْمَصِيرُ ».

allāhumma bika asbahnā wa bika amsaynā, wa bika nahyā wa bika namūtu, wa ilayka-n-nushūr.
allāhumma bika amsaynā wa bika asbahnā, wa bika nahyā wa bika namūtu, wa ilayka-l-masīr.

• Ô Seigneur ! Tu es mon Dieu, il n'y a point de divinité digne d'adoration en dehors de Toi, Tu m'as créé et je suis Ton serviteur, je respecte autant que je peux mon engagement et ma promesse vis-à-vis de Toi. Je me mets sous Ta protection contre le mal que j'ai commis. Je reconnais Ton bienfait à mon égard et je reconnais mon péché, pardonne-moi donc, car personne ne pardonne les péchés en dehors de Toi.[2]

---

[1] Le soir dire : « Ô Seigneur ! Grâce à Toi nous nous couchons et grâce à Toi nous nous levons. Grâce à Toi nous vivons et nous mourons, et c'est vers Toi que se fera la résurrection (notre destinée). » Rapporté par At-Tirmidhī : 5/66, voir Sahīh At-Tirmidhī : 3/142.

[2] Al-Bukhārī : 7/150. Celui qui le dit pendant la journée en y croyant et qu'il meurt avant la nuit, alors il ira au Paradis. Et celui qui le dit pendant la nuit en y croyant et qu'il meurt avant que le jour ne se lève, alors il ira au Paradis.

« اَللَّهُمَّ أَنْتَ رَبِّي لَا إِلَهَ إِلَّا أَنْتَ، خَلَقْتَنِي وَأَنَا عَبْدُكَ، وَأَنَا عَلَى عَهْدِكَ وَوَعْدِكَ مَا اسْتَطَعْتُ، أَعُوذُ بِكَ مِنْ شَرِّ مَا صَنَعْتُ، أَبُوءُ لَكَ بِنِعْمَتِكَ عَلَيَّ وَأَبُوءُ بِذَنْبِي فَاغْفِرْ لِي، فَإِنَّهُ لَا يَغْفِرُ الذُّنُوبَ إِلَّا أَنْتَ ».

allāhumma anta rabbī lā ilāha illā anta, khalaqtanī wa anā ‘abduka, wa anā ‘alā ‘ahdika wa wa‘dika ma-s-tata‘tu, a‘ūdhu bika min sharri mā sana‘tu, abū’u laka bi-ni‘matika ‘alayya wa abū’u bi-dhanbī fa-ghfir lī, fa-innahu lā yaghfiru-dh-dhunūba illā ant.

• Ô Seigneur ! Me voici au matin (ou au soir), je Te prends à Témoin, Toi, ceux qui portent Ton Trône, Tes anges et toutes Tes créatures, que Tu es Allāh, il n’y a point de divinité digne d’adoration en dehors de Toi, Tu es Seul et sans associé, et que Muhammad est Ton Serviteur et Ton Messager (quatre fois).[1]

« اَللَّهُمَّ إِنِّي أَصْبَحْتُ (أَوْ: أَمْسَيْتُ) أُشْهِدُكَ، وَأُشْهِدُ حَمَلَةَ عَرْشِكَ، وَمَلَائِكَتَكَ، وَجَمِيعَ خَلْقِكَ، أَنَّكَ أَنْتَ اللهُ لَا إِلَهَ إِلَّا أَنْتَ وَحْدَكَ لَا شَرِيكَ لَكَ، وَأَنَّ مُحَمَّدًا عَبْدُكَ وَرَسُولُكَ ». (أَرْبَعَ مَرَّاتٍ).

allāhumma innī asbahtu (ou : amsaytu) ushhiduka, wa ushhidu hamalata ‘arshika, wa malā’ikataka, wa jamī‘a khalqika, annaka anta-l-lāhu lā ilāha illā anta wahdaka lā sharīka laka, wa anna muhammadan ‘abduka wa rasūluk.

---

[1] Abū Dāwud : 4/317. Quiconque le dit quatre fois le matin et quatre fois le soir, Allāh l’affranchit de l’Enfer.

• Ô Seigneur ! Tout bien qui, ce matin (ou ce soir), m'atteint moi ou l'une des Tes créatures provient de Toi Seul, sans associé. La louange et la gratitude te reviennent ![1]

« اَللَّهُمَّ مَا أَصْبَحَ (مَا أَمْسَى) بِي مِنْ نِعْمَةٍ، أَوْ بِأَحَدٍ مِنْ خَلْقِكَ، فَمِنْكَ وَحْدَكَ لَا شَرِيكَ لَكَ، فَلَكَ الْحَمْدُ وَلَكَ الشُّكْرُ ».

allāhumma mā asbaha (ou : mā amsā) bī min ni‘matin, aw bi-ahadin min khalqika, fa-minka wahdaka lā sharīka laka, fa-laka-l-hamdu wa laka-sh-shukr.

• Ô Seigneur ! Préserve ma santé. Ô Seigneur ! Préserve mon ouïe. Ô Seigneur ! Préserve ma vue. Il n'y a point de divinité digne d'adoration en dehors de Toi. Ô Seigneur ! Je cherche refuge auprès de Toi contre la mécréance, la pauvreté et je cherche refuge auprès de Toi contre les tourments de la tombe. Il n'y a point de divinité digne d'adoration en dehors de Toi (trois fois).[2]

« اَللَّهُمَّ عَافِنِي فِي بَدَنِي، اللَّهُمَّ عَافِنِي فِي سَمْعِي، اللَّهُمَّ عَافِنِي فِي بَصَرِي، لَا إِلَهَ إِلَّا أَنْتَ، اللَّهُمَّ إِنِّي أَعُوذُ بِكَ مِنَ الْكُفْرِ وَالْفَقْرِ، وَأَعُوذُ بِكَ مِنْ عَذَابِ الْقَبْرِ، لَا إِلَهَ إِلَّا أَنْتَ ». (ثَلَاثَ مَرَّاتٍ).

allāhumma ‘āfinī fī badanī, allāhumma ‘āfinī fī sam‘ī, allāhumma ‘āfinī fī basarī, lā ilāha illā anta, allāhumma innī a‘ūdhu bika mina-l-kufri wa-l-faqri, wa a‘[illegible]hu bika min ‘adhābi-l-qabri, lā ilāha illā ant.

---

1 : 4/318. Celui qui dit ce rappel le matin aura rendu our toute la journée, et celui qui le dit le soir aura rendu ur toute la nuit.

/324 et Ahmad : 5/42.

• Allāh me suffit, il n'y a point de divinité digne d'adoration en dehors de Lui, c'est en Lui que je place ma confiance et Il est le Maître du Trône immense (sept fois). [1]

« حَسْبِيَ اللهُ لَا إِلَهَ إِلَّا هُوَ، عَلَيْهِ تَوَكَّلْتُ، وَهُوَ رَبُّ الْعَرْشِ الْعَظِيمِ ». (سَبْعَ مَرَّاتٍ).

hasbiya-l-lāhu lā ilāha illā huwa, 'alyhi tawakkaltu, wa huwa rabbu-l-'arshi-l-'azhīm.

• Ô Seigneur ! Accorde-moi le pardon et la sérénité dans cette vie et dans l'au-delà. Ô Seigneur ! Accorde-moi le pardon et la sérénité dans ma religion, ma vie, ma famille et mes biens. Ô Seigneur ! Cache mes défauts et rends-moi confiant face à mes craintes. Ô Seigneur ! Protège-moi du danger qu'il soit devant moi, derrière moi, sur ma droite, sur ma gauche ou au-dessus de moi et je me réfugie auprès de Ta grandeur contre le fait d'être victime d'un danger d'en dessous de moi.[2]

« اَللَّهُمَّ إِنِّي أَسْأَلُكَ الْعَفْوَ وَالْعَافِيَةَ فِي الدُّنْيَا وَالْآخِرَةِ، اللَّهُمَّ إِنِّي أَسْأَلُكَ الْعَفْوَ وَالْعَافِيَةَ فِي دِينِي وَدُنْيَايَ وَأَهْلِي وَمَالِي، اللَّهُمَّ اسْتُرْ عَوْرَاتِي، وَآمِنْ رَوْعَاتِي، اللَّهُمَّ احْفَظْنِي مِنْ بَيْنِ يَدَيَّ، وَمِنْ خَلْفِي، وَعَنْ يَمِينِي، وَعَنْ شِمَالِي، وَمِنْ فَوْقِي، وَأَعُوذُ بِعَظَمَتِكَ أَنْ أُغْتَالَ مِنْ تَحْتِي ».

---

[1] Ibn As-Sunnī n°71 et Abū Dāwud : 4/321 et voir Zād Al-Ma'ād : 2/376. Quiconque le dit sept fois le matin et sept fois le soir, Allāh le déchargera de tous ses soucis dans les mondes terrestre et céleste.

[2] Abū Dāwud et Ibn Māja voir Sahīh Ibn Māja : 2/332.

allāhumma innī as'aluka l-'afwa wa-l-'āfiyata fī-d-dunyā wa-l-ākhirati, allāhumma innī as'alluka l-'afwa wa-l-'āfiyata fī dīnī wa dunyāya wa ahlī wa mālī, allāhumma-stur 'awrātī, wa āmin raw'ātī, allāhumma-hfazhnī min bayni yadayya, wa min khalfī, wa 'an yamīnī, wa 'an shimālī, wa min fawqī, wa a'ūdhu bi-'azhamatika an ughtāla min tahtī.

• Ô Seigneur ! Toi qui connais l'invisible et le visible, Toi le Créateur des cieux et de la terre, Seigneur et Maître de toute chose, j'atteste qu'il n'y a point de divinité digne d'adoration en dehors de Toi. Je me réfugie auprès de Toi contre le mal de mon âme, contre le mal du diable et du polythéisme auquel il appelle, et contre le mal que je pourrais faire subir à moi-même ou à un musulman.[1]

« اَللَّهُمَّ عَالِمَ الْغَيْبِ وَالشَّهَادَةِ، فَاطِرَ السَّمَوَاتِ وَالْأَرْضِ، رَبَّ كُلِّ شَيْءٍ وَمَلِيكَهُ، أَشْهَدُ أَنْ لَا إِلَهَ إِلَّا أَنْتَ، أَعُوذُ بِكَ مِنْ شَرِّ نَفْسِي، وَمِنْ شَرِّ الشَّيْطَانِ وَشِرْكِهِ، وَأَنْ أَقْتَرِفَ عَلَى نَفْسِي سُوءًا أَوْ أَجُرَّهُ إِلَى مُسْلِمٍ ».

allāhumma 'ālima-l-ghaybi wa-sh-shahādati, fātira-s-samāwāti wa-l-ardi, rabba kulli shay'in wa malīkahu, ashhadu an lā ilāha illā anta, a'ūdhu bika min sharri nafsī, wa min sharri-sh-shaytāni wa shirkihi, wa an aqtarifa 'alā nafsī sū'an aw ajurrahu ilā muslim.

• Au nom d'Allāh, nul ne peut nuire lorsqu'on L'évoque sur terre et dans le ciel et Il est l'Audient, l'Omniscient (trois fois).[2]

---

[1] Abū Dāwud et At-Tirmidhī, voir Sahīh At-Tirmidhī : 3/142.

[2] Abū Dāwud : 4/323 et At-Tirmidhī : 5/465. Quiconque répète cette formule trois fois le matin et trois fois le soir sera préservé de tout méfait et rien ne lui nuira.

« بِسْمِ اللهِ الَّذِي لَا يَضُرُّ مَعَ اسْمِهِ شَيْءٌ فِي الْأَرْضِ وَلَا فِي السَّمَاءِ، وَهُوَ السَّمِيعُ الْعَلِيمُ ». (ثَلَاث مَرَّاتٍ).

bismi-l-lāhi-l-ladhī lā yadurru ma'a-smihi shay'un fi-l-ardi wa lā fi-s-samā'i, wa huwa-s-samī'u-l-'alīm.

• J'accepte Allāh comme Seigneur, l'Islam comme religion et Muhammad ﷺ comme Prophète (trois fois).[1]

« رَضِيتُ بِاللهِ رَبًّا، وَبِالْإِسْلَامِ دِينًا، وَبِمُحَمَّدٍ صَلَّى اللهُ عَلَيْهِ وَسَلَّمَ نَبِيًّا ». (ثَلَاث مَرَّاتٍ).

radītu bi-l-lāhi rabban, wa bi-l-islāmi dīnan, wa bi-muhammadin salla-l-lāhu 'alyhi wa sallama nabiyyan.

• Ô le Vivant, Celui qui subsiste par Lui-même, j'implore secours auprès de Ta miséricorde, améliore ma situation et ne me laisse pas livré à moi-même ne serait-ce le temps d'un clin d'œil.[2]

« يَا حَيُّ يَا قَيُّومُ بِرَحْمَتِكَ أَسْتَغِيثُ، أَصْلِحْ لِي شَأْنِي كُلَّهُ، وَلَا تَكِلْنِي إِلَى نَفْسِي طَرْفَةَ عَيْنٍ ».

yā hayyu yā qayyūmu bi-rahmatika astaghīthu, aslih lī sha'nī kullahu, wa lā takilnī ilā nafsī tarfata 'ayn.

• Nous voilà au matin et la royauté appartient à Allāh, le Seigneur de l'univers. Ô Seigneur ! Accorde-moi le bien que contient cette journée : conquêtes, victoires, lumière, bénédiction et guidée. Protège-moi contre le mal que contient cette journée et le mal qui vient après.[3]

---

[1] Ahmad : 4/337, Abū Dāwud : 4/418, At-Tirmidhī : 5/465. Quiconque répète cette formule trois fois le matin et trois fois le soir, Allāh devra le satisfaire le Jour Dernier.

[2] Al-Hākim, établi et authentifié par Adh-Dhahabī : 1/545.

[3] Abū Dāwud : 4/322. Et le soir dire : « Nous voilà au soir et la royauté appartient à Allāh, le Seigneur de l'univers. Ô Seigneur !

« أَصْبَحْنَا وَأَصْبَحَ الْمُلْكُ لِلَّهِ (أَوْ: أَمْسَيْنَا وَأَمْسَى الْمُلْكُ لِلَّهِ) رَبِّ الْعَالَمِينَ، اللَّهُمَّ إِنِّي أَسْأَلُكَ خَيْرَ هَذَا الْيَوْمِ (أَوْ: هَذِهِ اللَّيْلَةِ)، فَتْحَهُ (هَا)، وَنَصْرَهُ (هَا)، وَنُورَهُ (هَا)، وَبَرَكَتَهُ (هَا)، وَهُدَاهُ (هَا)، وَأَعُوذُ بِكَ مِنْ شَرِّ مَا فِيهِ (هَا)، وَشَرِّ مَا بَعْدَهُ (هَا) ».

asbahnā wa asbaha-l-mulku li-l-lāhi (ou : amsaynā wa amsā-l-mulku li-l-lāhi) rabbi-l-'ālamīn, allāhumma innī as'aluka khayra hādhā-l-yawmi (ou : hādhihi-l-laylati), fathahu (ou : fathahā), wa nasrahu (ou : nasrahā), wa nūrahu (ou : nūrahā), wa barakatahu (ou : barakatahā), wa hudāhu (ou : hudāhā), wa a'ūdhu bika min sharri mā fīhi (ou : fīhā), wa sharri mā ba'dah (ou : ba'dahā).

• Nous voilà au matin (ou au soir), sur le chemin originel qu'est l'Islam, et sur la parole sincère du monothéisme pur, suivant la religion de notre Prophète Muhammad ﷺ et la voie de notre père Ibrāhīm (Abraham) qui vouait son culte exclusivement à Allāh, soumis à Lui et n'était point du nombre des associateurs.[1]

« أَصْبَحْنَا (أَوْ: أَمْسَيْنَا) عَلَى فِطْرَةِ الْإِسْلَامِ، وَعَلَى كَلِمَةِ الْإِخْلَاصِ، وَعَلَى دِينِ نَبِيِّنَا مُحَمَّدٍ صَلَّى اللهُ عَلَيْهِ وَسَلَّمَ، وَعَلَى مِلَّةِ أَبِينَا إِبْرَاهِيمَ حَنِيفًا مُسْلِمًا وَمَا كَانَ مِنَ الْمُشْرِكِينَ ».

asbahnā (ou : amsaynā) 'alā fitrati-l-islāmi, wa 'alā kalimati-l-ikhlāsi, wa 'alā dīni nabiyyinā muhammadin sallā-l-lāhu 'alyhi wa sallam, wa 'alā millati abīnā Ibrāhīma hanīfan musliman wa mā kāna mina-l-mushrikīn.

Accorde moi le bien que contient cette nuit : conquêtes, victoires, lumière, bénédiction et guidée. Protège-moi contre le mal que contient cette nuit et le mal qui vient après. »

[1] Ahmad : 3/406 et voir Sahīh Al-Jāmi' : 4/209.

• Gloire à Allāh (cent fois). [1]

« سُبْحَانَ اللهِ وَبِحَمْدِهِ ». (مِائَةَ مَرَّةٍ).

subhāna-l-lāhi wa bi-hamdih.

• Il n'y a point de divinité digne d'adoration en dehors d'Allāh, Unique, sans associé. A Lui la royauté, à Lui la louange et Il est Omnipotent (dix fois [2], ou une fois au moins lorsque l'on éprouve de la paresse). [3]

« لَا إِلَهَ إِلَّا اللهُ وَحْدَهُ لَا شَرِيكَ لَهُ، لَهُ الْمُلْكُ وَلَهُ الْحَمْدُ، وَهُوَ عَلَى كُلِّ شَيْءٍ قَدِيرٌ ». (عَشْرَ مَرَّاتٍ أَوْ مَرَّةً وَاحِدَةً عِنْدَ الْكَسَلِ).

lā ilāha illā-l-lāhu wahdahu lā sharīka lahu, lahu-l-mulku wa lahu-l-hamdu, wa huwa 'alā kulli shay'in qadīr.

• Il n'y a point de divinité digne d'adoration en dehors d'Allāh, Unique, sans associé. A Lui la royauté, à Lui la louange et Il est Omnipotent (cent fois le matin). [4]

« لَا إِلَهَ إِلَّا اللهُ وَحْدَهُ لَا شَرِيكَ لَهُ، لَهُ الْمُلْكُ وَلَهُ الْحَمْدُ، وَهُوَ عَلَى كُلِّ شَيْءٍ قَدِيرٌ ». (مِائَةَ مَرَّةٍ إِذَا أَصْبَحَ).

lā ilāha illā-l-lāhu wahdahu lā sharīka lahu, lahu-l-mulk wa lahu-l-hamdu, wa huwa 'alā kulli shay'in qadīr.

---

[1] Muslim : 4/2071. Quiconque répète cette formule cent fois le matin au réveil et cent fois le soir avant de dormir nul n'aura apporté mieux que lui, le Jour de la Rétribution, hormis celui qui aurait dit la même chose que lui, ou plus.

[2] An-Nasā'ī dans *Les Actes de La Journée et de La Soirée,* n°24, voir Sahīh At-Targhīb wa-t-Tarhīb : 1/272.

[3] Abū Dāwud : 4/319, Ibn Māja et Ahmad : 4/60, voir Sahīh Abū Dāwud : 3/957, Sahīh Ibn Māja : 2/331et Zād Al-Ma'ād : 2/377.

[4] Al-Bukhārī : 4/95 et Muslim : 4/2071.

• Gloire et louanges à Allāh autant de fois que l'univers compte de créatures, autant de fois nécessaires à Sa satisfaction, autant de fois que le poids de Son Trône et autant de fois que le nombre de Ses paroles (trois fois le matin).[1]

« سُبْحَانَ اللهِ وَبِحَمْدِهِ، عَدَدَ خَلْقِهِ، وَرِضَا نَفْسِهِ، وَزِنَةَ عَرْشِهِ، وَمِدَادَ كَلِمَاتِهِ ». (ثَلَاثَ مَرَّاتٍ إِذَا أَصْبَحَ).

subhāna-l-lāhi wa bi-hamdihi, 'adada khalqihi, wa ridā nafsihi, wa zinata 'arshihi, wa midāda kalimātih.

• Ô Seigneur ! Accorde-moi un savoir utile, une bonne subsistance et des œuvres agréées. (Une fois le matin).[2]

« اَللَّهُمَّ إِنِّي أَسْأَلُكَ عِلْمًا نَافِعًا، وَرِزْقًا طَيِّبًا، وَعَمَلًا مُتَقَبَّلًا ».

allāhumma innī as'aluka 'ilman nāfi'an, wa rizqan tayyiban, wa 'amalan mutaqabbalā.

• Je demande pardon à Allāh et je me repens à Lui (cent fois par jour).[3]

« أَسْتَغْفِرُ اللهَ وَأَتُوبُ إِلَيْهِ ». (مِائَةَ مَرَّةٍ فِي الْيَوْمِ).

astaghfiru-l-lāha wa atūbu ilayh.

• Je cherche refuge auprès des paroles parfaites d'Allāh contre le mal de ce qu'Il a créé (trois fois le soir).[4]

« أَعُوذُ بِكَلِمَاتِ اللهِ التَّامَّاتِ مِنْ شَرِّ مَا خَلَقَ ». (ثَلَاثَ مَرَّاتٍ إِذَا أَمْسَى).

a'ūdhu bi-kalimāti-l-lāhi-t-tāmāti min sharri mā khalaq.

---

[1] Muslim : 4/2090.

[2] Ibn As-Sunnī dans *Les Actes de La Journée et de La Soirée*, n°54 et Ibn Māja n°925.

[3] Al-Bukhārī, voir Al-Fath : 11/101 et Muslim : 4/2075.

[4] Ahmad : 2/290. Quiconque le dit trois le soir avant de dormir, rien ne pourra lui nuire.

• Ô Seigneur ! Prière et salut sur no
Muhammad (dix fois).[1]

لّمْ عَلَى نَبِيِّنَا مُحَمَّدٍ ». (عَشْرَ مَرَّاتٍ).

allāhumma salli wa sallim ʻalā nabiyyinā muhammad.

Avant de dormir

أَذْكَارُ النَّوْمِ

• Joindre ses mains, « cracher » sans que ne soit émise de la salive, puis réciter les Sūrat Al-Ikhlās, Al-Falaq et An-Nās. Passer ensuite les mains sur tout le corps, en commençant par le visage et le devant du corps. Recommencer trois fois.[2]

يَجْمَعُ كَفَّيْهِ ثُمَّ يَنْفُثُ فِيهِمَا فَيَقْرَأُ:

﴿ قُلْ هُوَ ٱللَّهُ أَحَدٌ ۝١ ٱللَّهُ ٱلصَّمَدُ ۝٢ لَمْ يَلِدْ وَلَمْ يُولَدْ ۝٣ وَلَمْ يَكُن لَّهُۥ كُفُوًا أَحَدٌۢ ۝٤ ﴾

﴿ قُلْ أَعُوذُ بِرَبِّ ٱلْفَلَقِ ۝١ مِن شَرِّ مَا خَلَقَ ۝٢ وَمِن شَرِّ غَاسِقٍ إِذَا وَقَبَ ۝٣ وَمِن شَرِّ ٱلنَّفَّٰثَٰتِ فِى ٱلْعُقَدِ ۝٤ وَمِن شَرِّ حَاسِدٍ إِذَا حَسَدَ ۝٥ ﴾

﴿ قُلْ أَعُوذُ بِرَبِّ ٱلنَّاسِ ۝١ مَلِكِ ٱلنَّاسِ ۝٢ إِلَٰهِ ٱلنَّاسِ ۝٣ مِن شَرِّ ٱلْوَسْوَاسِ ٱلْخَنَّاسِ ۝٤ ٱلَّذِى يُوَسْوِسُ فِى صُدُورِ ٱلنَّاسِ ۝٥ مِنَ ٱلْجِنَّةِ وَٱلنَّاسِ ۝٦ ﴾

[1] At-Tabarānī, voir Majmaʻ Az-Zawā'id : 10/120 et Sahīhu-t-Targhīb wa-t-Tarhīb : 1/273.

[2] Al-Bukhārī, voir Al-Fath : 9/62 et Muslim : 4/1723.

ثُمَّ يَمْسَحُ بِهِمَا مَا اسْتَطَاعَ مِنْ جَسَدِهِ يَبْدَأُ بِهِمَا عَلَى رَأْسِهِ وَمَا أَقْبَلَ مِنْ جَسَدِهِ. (يَفْعَلُ ذَلِكَ ثَلَاثَ مَرَّاتٍ).

bismi-l-lāhi-r-rahmāni-r-rahīm :

﴿ qul huwa-l-lāhu 'ahad, allāhu-s-samad, lam yalid wa lam yūlad, wa lam yaku-l-lahu kufuwan 'ahad ﴾

bismi-l-lāhi-r-rahmāni-r-rahīm :

﴿ qul 'a'ūdhu birabbi-l-falaq, mi^{n} sharri mā khalaq, wa mi^{n} sharri ghāsiqin 'idhā waqab, wa mi^{n} sharri-n-naffāthāti fi-l-'uqad, wa mi^{n} sharri hāsidin 'idhā hasad ﴾

bismi-l-lāhi-r-rahmāni-r-rahīm :

﴿ qul 'a'ūdhu bi-rabbi-n-nās, maliki-n-nās, 'ilāhi-n-nās, mi^{n} sharri-l-waswāsi-l-khannās, alladhī yūswisu fī sudūri-n-nās, mina-l-jinnati wa-n-nās ﴾

• ﴿ Allāh ! Point de divinité digne d'adoration en dehors de Lui, le Vivant, Celui qui subsiste par Lui-même « Al-Qayyūm ». Ni somnolence ni sommeil ne Le saisissent. A Lui appartient tout ce qui est dans les cieux et sur la terre. Qui peut intercéder auprès de Lui sans Sa permission ? Il connaît leur passé et leur futur. Et, de Sa science, ils n'embrassent que ce qu'Il veut. Son Trône « Kursiyy » déborde les cieux et la terre dont la garde ne Lui coûte aucune peine. Et Il est le Très-Haut, le Très-Grand ﴾ [1]

---

[1] Al-Bukhārī, voir Al-Fath : 4/487. (2 : 255). Sūrat Al-Baqara (La Vache) : Verset 255, Āyat Al-Kursī : Le Verset du Trône. Quiconque récite le Verset du Trône en se couchant, alors un gardien d'Allāh veillera sur lui et Satan ne s'approchera pas de lui jusqu'au matin.

أَعُوذُ بِاللهِ مِنَ الشَّيْطَانِ الرَّجِيمِ:

﴿ ٱللَّهُ لَآ إِلَٰهَ إِلَّا هُوَ ٱلْحَىُّ ٱلْقَيُّومُ ۚ لَا تَأْخُذُهُۥ سِنَةٌ وَلَا نَوْمٌ ۚ لَّهُۥ مَا فِى
ٱلسَّمَٰوَٰتِ وَمَا فِى ٱلْأَرْضِ ۗ مَن ذَا ٱلَّذِى يَشْفَعُ عِندَهُۥٓ إِلَّا بِإِذْنِهِۦ ۚ يَعْلَمُ
مَا بَيْنَ أَيْدِيهِمْ وَمَا خَلْفَهُمْ ۖ وَلَا يُحِيطُونَ بِشَىْءٍ مِّنْ عِلْمِهِۦٓ إِلَّا بِمَا
شَآءَ ۚ وَسِعَ كُرْسِيُّهُ ٱلسَّمَٰوَٰتِ وَٱلْأَرْضَ ۖ وَلَا يَـُٔودُهُۥ حِفْظُهُمَا ۚ وَهُوَ
ٱلْعَلِىُّ ٱلْعَظِيمُ ٢٥٥ ﴾

a'ūdhu bi-l-lāhi mina-sh-shaytāni-r-rajīm :

﴿ allāhu lā̃ 'ilāha 'illā huwa-l-hayyu-l-qayyūmu, lā ta'khudhuhu sinatu^{n}-w-walā nawmun, lahū mā fi-s-samāwāti wa mā fi-l-'ardi, ma^{n} dhā-l-ladhī yashfa'u 'i^{n}dahū̃ 'illā bi'idhnih, ya'lamu mā bayna 'aydīhim wa mā khalfahum, wa lā yuhītūna bishay'i^{n}-m-min 'ilmihī̃ 'illā bimā shā̃', wasi'a kursiyyuhu-s-samāwāti wa-l-'arda, wa lā ya'ūduhu hifzhuhumā wa huwa-l-'aliyyu-l'azhīm ﴾

• ﴿ Le Messager a cru en ce qu'on a fait descendre vers lui venant de son Seigneur, et aussi les croyants, tous ont cru en Allāh, en Ses anges, à Ses livres et en Ses Messagers (en disant) : « Nous ne faisons aucune distinction entre Ses Messagers. » Et ils ont dit : « Nous avons entendu et obéi. Seigneur, nous implorons Ton pardon. C'est vers Toi que se fera le retour. » Allāh n'impose à aucune âme une charge supérieure à sa capacité. Elle sera récompensée du bien qu'elle aura fait, punie du mal qu'elle aura fait. Seigneur, ne nous châtie pas s'il nous arrive d'oublier ou de commettre une erreur. Seigneur ! Ne nous charge pas d'un fardeau lourd comme Tu as chargé ceux qui vécurent avant nous. Seigneur ! Ne nous impose pas ce que nous ne pouvons supporter, efface nos fautes, pardonne-nous et fais-nous miséricorde. Tu es Notre Maître, accorde-nous donc la victoire sur les peuples infidèles. »[1]

﴿ ءَامَنَ ٱلرَّسُولُ بِمَآ أُنزِلَ إِلَيۡهِ مِن رَّبِّهِۦ وَٱلۡمُؤۡمِنُونَۚ كُلٌّ ءَامَنَ بِٱللَّهِ
وَمَلَٰٓئِكَتِهِۦ وَكُتُبِهِۦ وَرُسُلِهِۦ لَا نُفَرِّقُ بَيۡنَ أَحَدٖ مِّن رُّسُلِهِۦۚ وَقَالُواْ سَمِعۡنَا
وَأَطَعۡنَاۖ غُفۡرَانَكَ رَبَّنَا وَإِلَيۡكَ ٱلۡمَصِيرُ ﴿٢٨٥﴾ لَا يُكَلِّفُ ٱللَّهُ نَفۡسًا إِلَّا وُسۡعَهَاۚ
لَهَا مَا كَسَبَتۡ وَعَلَيۡهَا مَا ٱكۡتَسَبَتۡۗ رَبَّنَا لَا تُؤَاخِذۡنَآ إِن نَّسِينَآ أَوۡ أَخۡطَأۡنَاۚ
رَبَّنَا وَلَا تَحۡمِلۡ عَلَيۡنَآ إِصۡرٗا كَمَا حَمَلۡتَهُۥ عَلَى ٱلَّذِينَ مِن قَبۡلِنَاۚ رَبَّنَا وَلَا
تُحَمِّلۡنَا مَا لَا طَاقَةَ لَنَا بِهِۦۖ وَٱعۡفُ عَنَّا وَٱغۡفِرۡ لَنَا وَٱرۡحَمۡنَآۚ أَنتَ مَوۡلَىٰنَا
فَٱنصُرۡنَا عَلَى ٱلۡقَوۡمِ ٱلۡكَٰفِرِينَ ﴿٢٨٦﴾ ﴾

« 'āmana-r-rasūlu bimā̃ 'u^{n}zila 'ilayhi mi-r-rabbihi, wa-l-mu'minūna kullun 'āmana bi-l-lāhi, wa malā̃'ikatihi, wa kutubihi, wa rusulihi, lā nufarriqu bayna 'aẖadi^{n}-m-mi-r-rusulihi, wa qālū sami'nā wa 'aṭa'nā, g̲h̲ufrānaka rabbanā wa 'ilayka-l-maṣ̱ĩr, lā yukallifu-l-lāhu nafsan 'illā wus'ahā, lahā mā kasabat

[1] (2 : 285-286) Sūrat Al-Baqara (La Vache) : Versets 285 et 286. Rapporté par Al-Buk̲h̲ārī, voir Al-Fath : 9/94 et Muslim : 1/554. Quiconque récite les deux derniers versets de Sūrat Al-Baqara avant de dormir ils lui suffiront.

wa ‘alayhā ma-ktasabat, rabbanā lā tu’ākhidhnā̃ ’i^{n}-n-nasīnā̃ ’aw ’akhta’nā, rabbanā wa lā tahmil ‘alaynā̃ ’isra^{n} kamā hamaltahū ‘alā-l-ladhīna mi^{n} qablinā, rabbanā walā tuhammilnā mā lā tāqata lanā bihi, wa-‘fu ‘annā, wa-ghfir lanā, wa-rhamnā̃, ’a^{n}ta mawlānā fa-^{n}surnā ‘alā-l-qawmi-l-kāfirīn ﴾

• C’est en Ton nom, Seigneur, que je me suis couché et en Ton nom que je me lève. Si Tu retiens mon âme, sois Miséricordieux envers elle et si Tu la ramènes à la vie, protège-la comme Tu protèges Tes pieux serviteurs.[1]

« بِاسْمِكَ رَبِّي وَضَعْتُ جَنْبِي وَبِكَ أَرْفَعُهُ، فَإِنْ أَمْسَكْتَ نَفْسِي فَارْحَمْهَا، وَإِنْ أَرْسَلْتَهَا فَاحْفَظْهَا بِمَا تَحْفَظُ بِهِ عِبَادَكَ الصَّالِحِينَ ».

bismika rabbī wada‘tu janbī wa bika arfa‘uhu, fa-’in amsakta nafsī fa-rhamhā, wa ’in arsaltahā fa-hfazhhā bimā tahfazhu bihi ‘ibādaka-s-sālihīn.

• Ô Seigneur ! Tu es Celui qui a créé mon âme et Celui qui la reprendra, Toi seul as le pouvoir de vie et de mort sur elle. Si Tu la laisses en vie, alors protège-la, et si Tu la fais mourir, alors pardonne-lui. Ô Seigneur, accorde-moi la sérénité.[2]

« اَللَّهُمَّ إِنَّكَ خَلَقْتَ نَفْسِي وَأَنْتَ تَوَفَّاهَا، لَكَ مَمَاتُهَا وَمَحْيَاهَا، إِنْ أَحْيَيْتَهَا فَاحْفَظْهَا، وَإِنْ أَمَتَّهَا فَاغْفِرْ لَهَا، اللَّهُمَّ إِنِّي أَسْأَلُكَ الْعَافِيَةَ ».

---

[1] Al-Bukhārī : 11/126 et Muslim : 4/2084. Si l’un de vous se lève de son lit et y retourne, qu’il le secoue par le bout de son drap trois fois, car il ignore ce qui en fut après lui, et lorsqu’il se couche, qu’il dise cette formule.

[2] Muslim : 4/2083 et Ahmad : 2/79.

allāhumma innaka khalaqta nafsī wa anta tawaffāhā, laka mamātuhā wa mahyāhā, in ahyaytahā fa-hfazhhā, wa in amattahā fa-ghfir lahā, allāhumma innī as'aluka-l-'āfiya.

• Ô Seigneur ! Epargne-moi Ton châtiment le jour où Tu ressusciteras Tes créatures (trois fois) [1]

« اَللَّهُمَّ قِنِي عَذَابَكَ يَوْمَ تَبْعَثُ عِبَادَكَ ». (ثَلاثَ مَرَّاتٍ).

allāhumma qinī 'adhābaka yawma tab'athu 'ibādak.

• Ô Seigneur, c'est en Ton nom que je vis et que je meurs.[2]

« بِاسْمِكَ اللَّهُمَّ أَمُوتُ وَأَحْيَا ».

bismika-l-lāhumma amūtu wa ahyā.

• Gloire à Allāh (trente-trois fois)
• Louanges à Allāh (trente-trois fois)
• Allāh est le Plus Grand (trente-quatre fois) [3]

« سُبْحَانَ اللهِ ». (ثَلاثًا وَثَلاثِينَ).

« اَلْحَمْدُ لِلَّهِ ». (ثَلاثًا وَثَلاثِينَ).

« اَللهُ أَكْبَرُ ». (أَرْبَعًا وَثَلاثِينَ).

subhāna-l-lāh (33 fois).
al-hamdu li-l-lāh (33 fois).
allāhu akbar (34 fois).

---

[1] Abū Dāwud : 4/311 et voir Sahīh At-Tirmidhī : 3/143.
[2] Al-Bukhārī, voir Al-Fath : 11/113 et Muslim : 4/2083.
[3] Al-Bukhārī, voir Al-Fath : 7/71 et Muslim : 4/2091.

• Ô Seigneur, Maître des sept cieux et du Trône immense, notre Maître et le Maître de toute chose, Celui qui fend la graine et le noyau, et qui a fait descendre la Thora, l'Evangile et le Livre de Discernement (le Coran, ou Al-Furqān), je cherche refuge auprès de Toi contre le mal de toute chose que Tu maîtrises. Ô Seigneur ! Tu es le Premier, rien ne Te devance, Tu es le Dernier, rien ne Te succède, Tu es l'Apparent, rien n'est au-dessus de Toi et Tu es le Caché, rien n'est au-dessous de Toi ; épargne-nous les dettes et la pauvreté.[1]

« اَللَّهُمَّ رَبَّ السَّمَاوَاتِ السَّبْعِ، وَرَبَّ الْعَرْشِ الْعَظِيمِ، رَبَّنَا وَرَبَّ كُلِّ شَيْءٍ، فَالِقَ الْحَبِّ وَالنَّوَى وَمُنْزِلَ التَّوْرَاةِ وَالْإِنْجِيلِ وَالْفُرْقَانِ، أَعُوذُ بِكَ مِنْ شَرِّ كُلِّ شَيْءٍ أَنْتَ آخِذٌ بِنَاصِيَتِهِ، اللَّهُمَّ أَنْتَ الْأَوَّلُ فَلَيْسَ قَبْلَكَ شَيْءٌ، وَأَنْتَ الْآخِرُ فَلَيْسَ بَعْدَكَ شَيْءٌ، وَأَنْتَ الظَّاهِرُ فَلَيْسَ فَوْقَكَ شَيْءٌ، وَأَنْتَ الْبَاطِنُ فَلَيْسَ دُونَكَ شَيْءٌ، اِقْضِ عَنَّا الدَّيْنَ وَأَغْنِنَا مِنَ الْفَقْرِ ».

allāhumma rabba-s-samāwāti-s-sab'i, wa rabba-l-'arshi-l-'azhīmi, rabbanā wa rabba kulli shay'in, fāliqa-l-habbi wa-n-nawā wa munzila-t-tawrāti wa-l-'Injīli wa-l-furqāni, a'ūdhu bika min sharri kulli shay'in anta ākhidhun bi-nāsiyatihi, allāhumma anta-l-'awwalu falaysa qablaka shay'un, wa anta-l-'ākhiru fa-laysa ba'daka shay'un, wa anta-zh-zhāhiru falaysa fawqaka shay'un, wa anta-l-bātinu falaysa dūnaka shay'un, iqdi 'annā-d-dayna wa aghninā mina-l-faqr.

---

[1] Muslim : 4/2084.

• Louanges à Allāh qui nous a procuré à manger et à boire, qui nous a protégés de tout mal et nous a accordé un abri. Or nombreux sont ceux qui n'ont personne pour les protéger et les abriter.[1]

« اَلْحَمْدُ لِلَّهِ الَّذِي أَطْعَمَنَا وَسَقَانَا وَكَفَانَا وَآوَانَا، فَكَمْ مِمَّنْ لَا كَافِيَ لَهُ وَلَا مُؤْوِي ».

al-hamdu li-l-lāhi-l-ladhī at'amanā wa saqānā wa kafānā wa āwānā, fa-kam mimman lā kāfiya lahu wa lā mu'wī.

• Ô Seigneur ! Toi qui connais l'invisible et le visible, Toi le Créateur des cieux et de la terre, Seigneur et Maître de toute chose, j'atteste qu'il n'y a point de divinité digne d'adoration en dehors de Toi. Je me réfugie auprès de Toi contre le mal de mon âme, contre le mal du diable et du polythéisme auquel il appelle et contre le mal que je pourrais faire subir à moi-même ou à un musulman.[2]

« اَللَّهُمَّ عَالِمَ الْغَيْبِ وَالشَّهَادَةِ، فَاطِرَ السَّمَاوَاتِ وَالْأَرْضِ، رَبَّ كُلِّ شَيْءٍ وَمَلِيكَهُ، أَشْهَدُ أَنْ لَا إِلَهَ إِلَّا أَنْتَ، أَعُوذُ بِكَ مِنْ شَرِّ نَفْسِي وَمِنْ شَرِّ الشَّيْطَانِ وَشِرْكِهِ، وَأَنْ أَقْتَرِفَ عَلَى نَفْسِي سُوءًا أَوْ أَجُرَّهُ إِلَى مُسْلِمٍ ».

allāhumma 'ālima-l-ghaybi wa-sh-shahādati, fātira-s-samāwāti wa-l-ardi, rabba kulli shay'in wa malīkahu, ashhadu an lā ilāha illā anta, a'ūdhu bika min sharri nafsī wa min sharri-sh-shaytāni wa shirkihi, wa an aqtarifa 'alā nafsī sū'an aw ajurrahu ilā muslim.

---

[1] Muslim : 4/2085.

[2] Abū Dāwud : 4/317 et voir Sahīh At-Tirmidhī : 3/142.

• Lire les Sūrat La Prosternation (As-Sajda) et La Royauté (Al-Mulk).[1]

يَقْرَأُ سُورَةَ السَّجْدَةِ: ﴿ الٓمٓ ۝١ تَنزِيلُ ٱلْكِتَٰبِ لَا رَيْبَ فِيهِ مِن رَّبِّ ٱلْعَٰلَمِينَ .. ﴾، وَسُورَةَ المُلْكِ: ﴿ تَبَٰرَكَ ٱلَّذِى بِيَدِهِ ٱلْمُلْكُ وَهُوَ عَلَىٰ كُلِّ شَىْءٍ قَدِيرٌ ... ﴾

• Ô Seigneur ! Je T'ai soumis mon âme, je m'en suis remis à Toi pour toutes mes décisions, j'ai tourné ma face vers Toi. Je m'en suis remis à Toi en toutes choses par espoir et par crainte de Toi. Nul refuge contre Toi sauf auprès de Toi. J'ai cru au Livre que Tu as révélé et au Prophète que Tu as envoyé.[2]

« اَللَّهُمَّ أَسْلَمْتُ نَفْسِي إِلَيْكَ، وَفَوَّضْتُ أَمْرِي إِلَيْكَ، وَوَجَّهْتُ وَجْهِي إِلَيْكَ، وَأَلْجَأْتُ ظَهْرِي إِلَيْكَ، رَهْبَةً وَرَغْبَةً إِلَيْكَ، لَا مَلْجَأَ وَلَا مَنْجَا مِنْكَ إِلَّا إِلَيْكَ، آمَنْتُ بِكِتَابِكَ الَّذِي أَنْزَلْتَ وَبِنَبِيِّكَ الَّذِي أَرْسَلْتَ ».

allāhumma aslamtu nafsī ilayka, wa fawwadtu amrī ilayka, wa wajjahtu wajhī ilayka, wa alja'tu zhahrī ilayka, rahbatan wa raghbatan ilayka, lā malja'a wa lā manjā minka illā ilayka, āmantu bi-kitābika-l-ladhī anzalta wa bi-nabiyyika-l-ladhī arsalta.

---

[1] At-Tirmidhī et An-Nasā'ī, voir Sahīh Al-Jāmi' : 4/255.

[2] Al-Bukhārī, voir Al-Fath : 11/113 et Muslim : 4/2081. Celui qui récite cette formule et qui meurt pendant la nuit sera mort sur la nature innée de l'Islam, et s'il se réveille le matin, il aura alors une grande récompense.

Lorsque l'on se retourne la nuit

اَلدُّعَاءُ إِذَا تَقَلَّبَ لَيْلًا

• Il n'y a point de divinité digne d'adoration en dehors d'Allāh, l'Unique, le Dominateur suprême, Maître des cieux, de la terre et de tout ce qui se trouve entre les deux, le Puissant, le Pardonnant.[1]

« لَا إِلَهَ إِلَّا اللهُ الْوَاحِدُ الْقَهَّارُ، رَبُّ السَّمَاوَاتِ وَالْأَرْضِ وَمَا بَيْنَهُمَا الْعَزِيزُ الْغَفَّارُ ».

lā ilāha illā-l-lāhu-l-wāh̲idu-l-qahhāru, rabbu-s-samāwāti wa-l-ard̲i wa mā baynahumā-l-'azīzu-l-g̲h̲affār.

Lorsque l'on se réveille en sursaut ou que l'on est pris d'un mal-être

دُعَاءُ الْقَلَقِ وَالْفَزَعِ فِي النَّوْمِ وَمَنْ بُلِيَ بِالْوَحْشَةِ

• Je me réfugie auprès des paroles parfaites d'Allāh contre Sa colère, Son châtiment, le mal de Ses créatures, contre les incitations des diables et leur présence à mes côtés.[2]

---

[1] Rapporté par Al-H̲ākim ; établi et authentifié par Ad̲h̲-D̲h̲ahabī : 1/540 et An-Nasā'ī dans *Les Actes de la Journée et de la Soirée* et Ibn As-Sunnī, voir S̲ah̲īh̲ Al-Jāmi' : 4/213.

[2] Abū Dāwud : 4/12 et At-Tirmid̲h̲ī, voir S̲ah̲īh̲ At-Tirmid̲h̲ī : 3/171.

« أَعُوذُ بِكَلِمَاتِ اللهِ التَّامَّاتِ مِنْ غَضَبِهِ، وَعِقَابِهِ، وَشَرِّ عِبَادِهِ، وَمِنْ هَمَزَاتِ الشَّيَاطِينِ وَأَنْ يَحْضُرُونِ ».

a'ūdhu bi-kalimāti-l-lāhi-t-tāmmāti min ghadabihi, wa 'iqābihi, wa sharri 'ibādihi, wa min hamazāti-sh-shayāṭīni wa an yahdurūn.

Lorsque l'on se réveille d'une vision ou d'un songe (désagréable)

مَا يَفْعَلُ مَنْ رَأَى الرُّؤْيَا أَوِ الْحُلْمَ

• Cracher [souffler avec une salive fine] trois fois sur son côté gauche.[1] Demander la protection auprès d'Allāh contre le diable et contre ce que l'on a vu dans son rêve.[2] Ne raconter ce cauchemar à personne[3] et changer de côté pour dormir.[4]

يَنْفُثُ عَنْ يَسَارِهِ (ثَلَاثًا)، يَسْتَعِيذُ بِاللهِ مِنَ الشَّيْطَانِ ومِنْ شَرِّ مَا رَأَى (ثَلَاثَ مَرَّاتٍ)، لَا يُحَدِّثُ بِهَا أَحَدًا، يَتَحَوَّلُ عَنْ جَنْبِهِ الَّذِي كَانَ عَلَيْهِ.

• Si on le souhaite, on peut se lever et prier.[5]

يَقُومُ يُصَلِّي إِنْ أَرَادَ ذَلِكَ.

---

[1] Muslim : 4/1772.
[2] Muslim : 4/1772 ; 1773.
[3] Muslim : 4/1772.
[4] Muslim : 4/1773.
[5] Muslim : 4/1773.

L’invocation du Qunūt lors de la prière du Witr

دُعَاءُ قُنُوتِ الْوِتْرِ

• Ô Seigneur ! Compte-moi parmi ceux que Tu as guidés, parmi ceux auxquels Tu as accordé la santé, parmi ceux que Tu as pris en charge. Bénis ce que Tu m’as accordé, écarte de moi le mal que Tu as décrété, car c’est Toi certes qui juge et on ne peut Te juger. Ne sera jamais humilié celui que Tu as pris en charge, comme ne sera jamais honoré celui que Tu as pris comme ennemi. Béni et Exalté sois-Tu, ô Seigneur.[1]

« اَللَّهُمَّ اهْدِنِي فِيمَنْ هَدَيْتَ، وَعَافِنِي فِيمَنْ عَافَيْتَ، وَتَوَلَّنِي فِيمَنْ تَوَلَّيْتَ، وَبَارِكْ لِي فِيمَا أَعْطَيْتَ، وَقِنِي شَرَّ مَا قَضَيْتَ، إِنَّكَ تَقْضِي وَلَا يُقْضَى عَلَيْكَ، وَإِنَّهُ لَا يَذِلُّ مَنْ وَالَيْتَ، وَلَا يَعِزُّ مَنْ عَادَيْتَ، تَبَارَكْتَ رَبَّنَا وَتَعَالَيْتَ ».

allāhumma-hdinī fī-man hadayta, wa ‘āfinī fī-man ‘āfayta, wa tawallanī fī-man tawallayta, wa bārik lī fī-mā a‘ṯayta, wa qinī sharra mā qadayta, innaka taqdī wa lā yuqdā ‘alayka, wa innahu lā yadhillu man wālayta, wa lā ya‘izzu man ‘ādayta, tabārakta rabbanā wa ta‘ālayta.

• Ô Seigneur ! Je cherche refuge auprès de Ta satisfaction contre Ta colère, de Ton pardon contre Ton châtiment et de Toi contre Toi-même. Je ne pourrais Te louer ni Te remercier autant que Tu ne le mérites, Tu es bien comme Tu T’es loué Toi-même.[2]

---

[1] Rapporté par les auteurs des Quatre Sunan, ainsi que Ahmad, Ad-Dārimī et Al-Bayhaqī. Voir Sahīh At-Tirmidhī : 1/144, Sahīh Ibn Māja : 1/194 et Irwā’u-l-ghalīl d’Al-Albānī : 2/172.

[2] Rapporté par les auteurs des Quatre Sunan et Ahmad. Voir Sahīh At-Tirmidhī : 3/180, Sahīh Ibn Māja : 1/194 et Irwā’u-l-ghalīl : 2/175.

« اَللَّهُمَّ إِنِّي أَعُوذُ بِرِضَاكَ مِنْ سَخَطِكَ، وَبِمُعَافَاتِكَ مِنْ عُقُوبَتِكَ، وَأَعُوذُ بِكَ مِنْكَ، لَا أُحْصِي ثَنَاءً عَلَيْكَ، أَنْتَ كَمَا أَثْنَيْتَ عَلَى نَفْسِكَ ».

allāhumma inni a'ūdhu bi-ridāka min sakhatika, wa bi-mu'āfātika min 'uqūbatika, wa a'ūdhu bika minka, lā uhsī thanā'an 'alayka, anta kamā athnayta 'alā nafsika.

• Ô Seigneur ! C'est Toi seul que nous adorons, c'est Toi que nous prions, devant Toi que nous nous prosternons et c'est pour Toi que nous œuvrons et vers Toi que nous accourons. Nous espérons Ta miséricorde et nous craignons Ton châtiment, car Ton châtiment atteindra sûrement les mécréants. Ô Seigneur ! Nous demandons Ton aide et Ton pardon, nous T'adressons les plus belles louanges, nous ne sommes pas ingrats envers Toi, nous croyons en Toi, nous nous soumettons à Toi et nous désavouons totalement les mécréants.[1]

« اَللَّهُمَّ إِيَّاكَ نَعْبُدُ، وَلَكَ نُصَلِّي وَنَسْجُدُ، وَإِلَيْكَ نَسْعَى وَنَحْفِدُ، نَرْجُو رَحْمَتَكَ، وَنَخْشَى عَذَابَكَ، إِنَّ عَذَابَكَ بِالكَافِرِينَ مُلْحَقٌ، اللَّهُمَّ إِنَّا نَسْتَعِينُكَ وَنَسْتَغْفِرُكَ، وَنُثْنِي عَلَيْكَ الْخَيْرَ، وَلَا نَكْفُرُكَ، وَنُؤْمِنُ بِكَ، وَنَخْضَعُ لَكَ، وَنَخْلَعُ مَنْ يَكْفُرُكَ ».

allāhumma iyyāka na'budu, wa laka nusallī wa nasjudu, wa ilayka nas'ā wa nahfidu, narjū rahmataka, wa nakhshā 'adhābaka, inna 'adhābaka bi-l-kāfirīna mulhaqun, allāhumma innā nasta'īnuka wa nastaghfiruka, wa nuthnī 'alayka-l-khayra, wa lā nakfuruka, wa nu'minu bika, wa nakhda'u laka, wa nakhla'u man yakfuruk.

[1] Rapporté par Al-Bayhaqī dans As-Sunan Al-Kubrā : 2/211, voir aussi Irwā'u-l-ghalīl d'Al-Albānī : 2/170.

Après la salutation de la prière du Witr

اَلذِّكْرُ عَقِبَ السَّلَامِ مِنَ الْوِتْرِ

• Gloire au Souverain, l'Infiniment Saint (trois fois, la troisième fois élever la voix), et ajouter : Seigneur des anges et du Saint-Esprit (Jibrīl).[1]

« سُبْحَانَ الْمَلِكِ الْقُدُّوسِ (ثَلَاثَ مَرَّاتٍ، وَالثَّالِثَةُ يَجْهَرُ بِهَا وَيَمُدُّ بِهَا صَوْتَهُ) رَبِّ الْمَلَائِكَةِ وَالرُّوحِ ».

subūḫāna l-maliki l-quddūsi (3) rabbi l-malā'ikati wa-r-rūḫ.

En cas de souci et de tristesse

دُعَاءُ الْهَمِّ وَالْحُزْنِ

• Ô Seigneur ! Je suis Ton serviteur, fils de Ton serviteur et de Ta servante, mon toupet est entre Tes mains (je suis à Ta disposition), Ton jugement s'accomplit à mon égard, Ton décret envers moi est juste. Par les noms qui T'appartiennent avec lesquels Tu T'es nommé, que Tu as révélés dans Ton Livre, ou que Tu as enseignés à l'une de Tes créatures, ou bien que Tu as gardés secret dans Ta science de l'inconnu, je T'implore afin que le Coran soit le printemps de mon cœur, la lumière de ma poitrine, la dissipation de ma tristesse et la fin de mes soucis.[2]

---

[1] An-Nasā'ī : 3/244.

[2] Aḫmad : 1/391 authentifié par Al-Albānī.

« اَللَّهُمَّ إِنِّي عَبْدُكَ، ابْنُ عَبْدِكَ، ابْنُ أَمَتِكَ، نَاصِيَتِي بِيَدِكَ، مَاضٍ فِيَّ حُكْمُكَ، عَدْلٌ فِيَّ قَضَاؤُكَ، أَسْأَلُكَ بِكُلِّ اسْمٍ هُوَ لَكَ سَمَّيْتَ بِهِ نَفْسَكَ، أَوْ عَلَّمْتَهُ أَحَدًا مِنْ خَلْقِكَ، أَوْ أَنْزَلْتَهُ فِي كِتَابِكَ، أَوِ اسْتَأْثَرْتَ بِهِ فِي عِلْمِ الْغَيْبِ عِنْدَكَ، أَنْ تَجْعَلَ الْقُرْآنَ رَبِيعَ قَلْبِي، وَنُورَ صَدْرِي، وَجَلَاءَ حُزْنِي، وَذَهَابَ هَمِّي ».

allāhumma innī ‘abduka, bnu ‘abdika, bnu amatika, nāsiyatī bi-yadika, mādin fiyya hukmuka, ‘adlun fiyya qadā’uka, as’aluka bi-kulli-smin huwa laka sammayta bihi nafsaka, aw ‘allamtahu ahadan min khalqika, aw anzaltahu fī kitābika, aw ista’tharta bihi fī ‘ilmi-l-ghaybi ‘indaka, an taj‘ala-l-qur’āna rabī‘a qalbī, wa nūra sadrī, wa jalā’a huznī, wa dhahāba hammī.

• Ô Seigneur ! Je me réfugie auprès de Toi contre les soucis et la tristesse, contre l’incapacité et la paresse, contre l’avarice et la lâcheté, contre le poids de la dette et l’oppression des hommes.[1]

« اَللَّهُمَّ إِنِّي أَعُوذُ بِكَ مِنَ الْهَمِّ وَالْحَزَنِ، وَالْعَجْزِ وَالْكَسَلِ، وَالْبُخْلِ وَالْجُبْنِ، وَضَلَعِ الدَّيْنِ، وَغَلَبَةِ الرِّجَالِ ».

allāhumma innī a‘ūdhu bika mina-l-hammi wa-l-hazani, wa-l-‘ajzi wa-l-kasali, wa-l-bukhli wa-l-jubni, wa dala‘i-d-dayni, wa-ghalabati-r-rijāl.

[1] Al-Bukhārī : 7/158. Le Prophète ﷺ répétait souvent cette formule.

En cas d'affliction

دُعَاءُ الْكَرْبِ

• Il n'y a point de divinité digne d'adoration en dehors d'Allāh, le Très-Grand et Très-Clément. Il n'y a point de divinité digne d'adoration en dehors d'Allāh, le Seigneur du Trône immense, (ou : l'Immense). Il n'y a point de divinité digne d'adoration en dehors d'Allāh, le Seigneur des cieux et de la terre et Seigneur du Trône généreux (ou, le Généreux).[1]

« لَا إِلَهَ إِلَّا اللهُ الْعَظِيمُ الْحَلِيمُ، لَا إِلَهَ إِلَّا اللهُ رَبُّ الْعَرْشِ الْعَظِيمِ، أَوِ الْعَظِيمُ، لَا إِلَهَ إِلَّا اللهُ رَبُّ السَّمَوَاتِ وَرَبُّ الْأَرْضِ وَرَبُّ الْعَرْشِ الْكَرِيمِ، أَوِ الْكَرِيمُ ».

lā ilāha illā-l-lāhu-l-'azhīmu-l-halīmu, lā ilāha illā-l-lāhu rabbu-l-'arshi-l-'azhīmi (ou : al-'zhīmu), lā ilāha illā-l-lāhu rabbu-s-samāwāti wa rabbu-l-ardi wa rabbu-l-'arshi-l-karīmi (ou : al-karīmu).

• Ô Seigneur ! C'est Ta miséricorde que j'espère, ne me laisse donc pas livré à moi-même ne serait-ce le temps d'un clin d'œil et améliore ma situation, il n'y a point de divinité digne d'adoration en dehors de Toi.[2]

« اَللَّهُمَّ رَحْمَتَكَ أَرْجُو فَلَا تَكِلْنِي إِلَى نَفْسِي طَرْفَةَ عَيْنٍ، وَأَصْلِحْ لِي شَأْنِي كُلَّهُ، لَا إِلَهَ إِلَّا أَنْتَ ».

allāhumma rahmataka arjū falā takilnī ilā nafsī tarfata 'ayninin, wa aslih lī sha'nī kullahu, lā ilāha illā ant.

---

[1] Al-Bukhārī : 7/154 et Muslim : 4/2092.

[2] Abū Dāwud : 4/324 et Ahmad : 5/42.

• Il n'y a point de divinité digne d'adoration en dehors de Toi ! Gloire à Toi ! J'étais vraiment du nombre des injustes.[1]

« لَا إِلَهَ إِلَّا أَنْتَ سُبْحَانَكَ، إِنِّي كُنْتُ مِنَ الظَّالِمِينَ ».

lā ilāha illā anta subhānaka, innī kuntu mina-zh-zhālimīn.

• Allāh, Allāh est mon Seigneur et je ne Lui associe rien.[2]

« اَللهُ، اللهُ رَبِّي، لَا أُشْرِكُ بِهِ شَيْئًا ».

allāhu, allāhu rabbī, lā ushriku bihi shay'ā.

Lors de la rencontre de l'ennemi ou des autorités

دُعَاءُ لِقَاءِ الْعَدُوِّ وَذِي السُّلْطَانِ

• Ô Seigneur ! Nous Te laissons prendre en charge leur perspicacité et nous nous réfugions auprès de Toi contre leurs méfaits.[3]

« اَللَّهُمَّ إِنَّا نَجْعَلُكَ فِي نُحُورِهِمْ، وَنَعُوذُ بِكَ مِنْ شُرُورِهِمْ ».

allāhumma innā naj'aluka fī nuhūrihim, wa na'ūdhu bika min shurūrihim.

• Ô Allāh ! Tu es mon Soutien et mon Protecteur. C'est par Toi que je me déplace, par Toi que j'attaque l'ennemi et par Toi que je le combats.[1]

---

[1] At-Tirmidhī : 5/529 et Al-Hākim, établi et authentifié par Adh-Dhahabī : 1/505, voir Sahīh At-Tirmidhī : 2/335.
[2] Abū Dāwud : 2/87, voir Sahīh Ibn Māja : 2/335.
[3] Abū Dāwud : 2/89, authentifié par Al-Hākim et établi par Adh-Dhahabī : 2/142.

« اَللَّهُمَّ أَنْتَ عَضُدِي، وَأَنْتَ نَصِيرِي، بِكَ أَجُولُ، وَبِكَ أَصُولُ، وَبِكَ أُقَاتِلُ ».

allāhumma anta ‘ad̲udī, wa anta nas̲īrī, bika ajūlu, wa bika as̲ūlu, wa bika uqātil.

- Allāh nous suffit, certes Il est le meilleur Garant.[2]

« حَسْبُنَا اللهُ وَنِعْمَ الْوَكِيلُ ».

h̲asbuna-l-lāhu wa ni‘ma-l-wakīl.

Lorsque l'on craint l'injustice du gouverneur
دُعَاءُ مَنْ خَافَ ظُلْمَ السُّلْطَانِ

- Ô Seigneur ! Le Maître des sept cieux, de la terre et du Trône immense, sois pour moi un Protecteur contre untel (citer son nom), fils d'untel, et contre ses alliés parmi Tes créatures, afin qu'il ne me fasse subir ni abus ni tyrannie. Que Ton protégé soit honoré et Ton éloge exaltée, et il n'y a point de divinité digne d'adoration en dehors de Toi.[3]

« اَللَّهُمَّ رَبَّ السَّمَاوَاتِ السَّبْعِ، وَرَبَّ الْعَرْشِ الْعَظِيمِ، كُنْ لِي جَارًا مِنْ فُلَانِ بْنِ فُلَانٍ، وَأَحْزَابِهِ مِنْ خَلَائِقِكَ، أَنْ يَفْرُطَ عَلَيَّ أَحَدٌ مِنْهُمْ وَيَطْغَى، عَزَّ جَارُكَ، وَجَلَّ ثَنَاؤُكَ، وَلَا إِلَهَ إِلَّا أَنْتَ ».

---

[1] Abū Dāwud : 3/42 et At-Tirmid̲h̲ī : 5/572, voir S̲ah̲īh̲ At-Tirmid̲h̲ī : 3/183.

[2] Al-Buk̲h̲ārī : 5/172.

[3] Rapporté par Buk̲h̲ārī dans Al-Adab Al-Mufrad, n°707.

allāhumma rabba-s-samāwāti-s-sab'i, wa rabba-l-'arshi-l-'azhīmi, kun lī jāran min … (il cite untel, fils d'untel), wa ahzābihi min khalā'iqika, an yafruta 'alayya ahadun minhum wa yatghā, 'azza jāruka, wa jalla thanā'uka, wa lā ilāha illā ant.

• Allāh est le Plus Grand, Allāh est plus Puissant que toutes Ses créatures. Allāh est plus Puissant que ce dont j'ai peur et dont je me méfie. Je me réfugie auprès d'Allāh, il n'y a point de divinité digne d'adoration en dehors de Lui, Celui qui retient les sept cieux de tomber sur la terre jusqu'à ce qu'Il le décide, contre les méfaits de Ton serviteur untel, contre ses armées, ses partisans et ses partis, qu'ils soient djinns ou hommes. Ô Seigneur ! Sois pour moi un Protecteur contre leurs méfaits. Que soit honoré Ton protégé et exaltée Ton éloge, et il n'y a point de divinité digne d'adoration en dehors de Toi (trois fois).[1]

« اَللهُ أَكْبَرُ، اللهُ أَعَزُّ مِنْ خَلْقِهِ جَمِيعًا، اللهُ أَعَزُّ مِمَّا أَخَافُ وَأَحْذَرُ، أَعُوذُ بِاللهِ الَّذِي لَا إِلَهَ إِلَّا هُوَ، الْمُمْسِكُ السَّمَاوَاتِ السَّبْعِ أَنْ يَقَعْنَ عَلَى الْأَرْضِ إِلَّا بِإِذْنِهِ، مِنْ شَرِّ عَبْدِكَ فُلَانٍ، وَجُنُودِهِ، وَأَتْبَاعِهِ، وَأَشْيَاعِهِ، مِنَ الْجِنِّ وَالْإِنْسِ، اللَّهُمَّ كُنْ لِي جَارًا مِنْ شَرِّهِمْ، جَلَّ ثَنَاؤُكَ، وَعَزَّ جَارُكَ، وَلَا إِلَهَ غَيْرُكَ ». (ثَلَاثَ مَرَّاتٍ).

[1] Rapporté par Bukhārī dans Al-Adab Al-Mufrad, n°708, authentifié par Al-Albānī dans Sahīh Al-Adab Al-Mufrad, n°546.

allāhu akbar, allāhu a'azzu min khalqihi jamī'an, allāhu a'azzu mimmā akhāfu wa ahdhar, a'ūdhu bi-l-lāhi-l-ladhī lā ilāha illā hu, al-mumsiku-s-samāwāti-s-sab'i an yaqa'na 'alā-l-ardi illā bi-idhnihi, min sharri 'abdika … - il cite untel - wa junūdihi, wa atbā'ihi, wa ashyā'ihi, mina-l-jinni wa-l-insi, allāhumma kun lī jāran min sharrihim, jalla thanā'uka, wa 'azza jāruka, wa lā ilāha ghayruka (3).

Contre l'ennemi

اَلدُّعَاءُ عَلَى الْعَدُوِّ

• Ô Seigneur ! Toi qui as fait descendre le Livre, qui es prompt dans Tes comptes, vaincs les coalisés ! Ô Seigneur, vaincs-les et fais-les trembler ![1]

« اَللَّهُمَّ مُنْزِلَ الْكِتَابِ، سَرِيعَ الْحِسَابِ، اهْزِمِ الْأَحْزَابَ، اللَّهُمَّ اهْزِمْهُمْ وَزَلْزِلْهُمْ ».

allāhumma munzila-l-kitābi, sarī'a-l-hisābi, ihzimi-l-ahzāba, allāhumma-hzimhum wa zalzilhum.

[1] Muslim : 3/1362.

Lorsque l'on craint un groupe de personnes
مَا يَقُولُ مَنْ خَافَ قَوْمًا

• Ô Seigneur ! Protège-moi d'eux comme bon te semble ![1]

« اَللَّهُمَّ اكْفِنِيهِمْ بِمَا شِئْتَ ».

allāhumma-kfinīhim bimā shi'ta.

Lorsque les doutes dans la croyance nous assaillent
دُعَاءُ مَنْ أَصَابَهُ شَكٌّ فِي الْإِيمَانِ

• Se réfugier auprès d'Allāh (Dire : « Je cherche refuge auprès d'Allāh contre Satan le maudit. »)[2] et détourner de son esprit la pensée qui a provoqué ce doute.[3]

يَسْتَعِيذُ بِاللهِ: « أَعُوذُ بِاللهِ مِنَ الشَّيْطَانِ الرَّجِيمِ »، وَيَنْتَهِي عَمَّا شَكَّ فِيهِ.

a'ūdhu bi-l-lāhi mina-sh-shaytāni-r-rajīm.

---

[1] Muslim : 4/2300.
[2] Al-Bukhārī, voir Al-Fath : 6/336 et Muslim : 1/120.
[3] Al-Bukhārī, voir Al- Fath : 6/336 et Muslim : 1/120.

• Je crois en Allāh et en Ses Messagers.[1]

قَوْلُ: « آمَنْتُ بِاللهِ وَرُسُلِهِ ».

āmantu bi-l-lāhi wa rusulihi.

• Lire le verset de Sūrat Al-Hadīd (le Fer) : ﴿ *C'est Lui le Premier et le Dernier, l'Apparent et le Caché et Il est Omniscient.* ﴾[2]

يَقْرَأُ قَوْلَهُ تَعَالَى: ﴿ هُوَ ٱلْأَوَّلُ وَٱلْآخِرُ وَٱلظَّـٰهِرُ وَٱلْبَاطِنُ ۖ وَهُوَ بِكُلِّ شَىْءٍ عَلِيمٌ ﴿٣﴾ ﴾

﴿ huwwa-l-awwalu wa-l-'ākhiru wa-zh-zhāhiru wa-l-bāṭinu wa huwa bi-kulli shay'in 'alīm ﴾

Pour s'acquitter des dettes

دُعَاءُ قَضَاءِ الدَّيْنِ

• Ô Seigneur ! Protège-moi des biens illicites en m'accordant des biens licites, et par Ta générosité, fais que je n'aie besoin de recourir à personne d'autre que Toi.[3]

« اَللَّهُمَّ اكْفِنِي بِحَلَالِكَ عَنْ حَرَامِكَ، وَأَغْنِنِي بِفَضْلِكَ عَمَّنْ سِوَاكَ ».

allāhumma-kfinī bi-halālika 'an harāmika, wa aghninī bi-fadlika 'amman siwāk.

---

[1] Muslim : 1/119-120.

[2] (57 : 3) Sūrat Al-Hadīd : Verset 3. Rapport par Abū Dāwud : 4/329.

[3] At-Tirmidhī : 5/56.

• Ô Seigneur ! Je me réfugie auprès de Toi contre les soucis et la tristesse, contre l'incapacité et la paresse, contre l'avarice et la lâcheté, contre le poids de la dette et l'oppression des hommes.[1]

« اَللَّهُمَّ إِنِّي أَعُوذُ بِكَ مِنَ الْهَمِّ وَالْحَزَنِ، وَالْعَجْزِ وَالْكَسَلِ، وَالْبُخْلِ وَالْجُبْنِ، وَضَلَعِ الدَّيْنِ، وَغَلَبَةِ الرِّجَالِ ».

allāhumma innī a'ūdhu bika mina-l-hammi wa-l-hazani, wa-l-'ajzi wa-l-kasali, wa-l-bukhli wa-l-jubni, wa dala'i-d-dayni, wa ghalabati-r-rijāl.

Contre les insufflations (de Satan) pendant la prière ou la récitation du Coran

دُعَاءُ الْوَسْوَسَةِ فِي الصَّلَاةِ وَالْقِرَاءَةِ

• Dire : « Je cherche refuge auprès d'Allāh contre Satan le maudit. », en crachotant (sans salive) sur le côté gauche (trois fois).[2]

« أَعُوذُ بِاللهِ مِنَ الشَّيْطَانِ الرَّجِيمِ ». وَاتْفُلْ عَلَى يَسَارِكَ. (ثَلَاثًا).

a'ūdhu bi-l-lāhi mina-sh-shaytāni-r-rajīm. (3)

---

[1] Al-Bukhārī : 7/158.

[2] Muslim : 4/1729.

Lorsque l’on rencontre une difficulté

دُعَاءُ مَنِ اسْتَصْعَبَ عَلَيْهِ أَمْرٌ

• Ô Seigneur ! Il n’y a de chose facile que ce que Tu as rendu facile et, par Ta volonté, la peine devient facile. (Ibn Hibbân)

« اَللَّهُمَّ لَا سَهْلَ إِلَّا مَا جَعَلْتَهُ سَهْلًا، وَأَنْتَ تَجْعَلُ الْحُزْنَ إِذَا شِئْتَ سَهْلًا ».

allāhumma lā sahla illā mā ja‘altahu sahlān, wa anta taj‘alu-l-huzna idhā chi’ta sahlā.

Lorsque l’on a commis un péché

مَا يَقُولُ وَيَفْعَلُ مَنْ أَذْنَبَ ذَنْبًا

• Tout serviteur qui commet un péché, qui fait ensuite soigneusement ses ablutions, et qui se lève pour prier deux rak‘a, puis qui implore le pardon d’Allāh pour le péché qu’il a commis, sera alors pardonné.[1]

مَا مِنْ عَبْدٍ يُذْنِبُ ذَنْبًا فَيُحْسِنُ الطُّهُورَ، ثُمَّ يَقُومُ فَيُصَلِّي رَكْعَتَيْنِ ثُمَّ يَسْتَغْفِرُ اللهَ إِلَّا غَفَرَ اللهُ لَهُ.

[1] Abū Dāwud : 2/86 et At-Tirmidhī : 2/257.

Pour chasser le diable et ses insufflations

دُعَاءُ طَرْدِ الشَّيْطَانِ وَوَسَاوِسِهِ

- Chercher refuge auprès d'Allāh contre Satan.[1]

اَلْإِسْتِعَاذَةُ بِاللهِ مِنْهُ.

- Réciter l'appel à la prière.[2]

اَلْأَذَانُ.

- Réciter le Coran et évoquer Allāh.[3]

اَلْأَذْكَارُ وَقِرَاءَةُ الْقُرْآنِ.

---

[1] Abū Dāwud : 1/206 et At-Tirmidhī, voir Sahīh At-Tirmidhī : 1/77.

[2] Al-Bukhārī : 1/151 et Muslim : 1/291.

[3] « Ne rendez pas vos demeures telles des tombeaux. Satan fuit les maisons dans lesquelles est récitée Sūrat Al-Baqara (La Vache). » Rapporté par Muslim : 1/539. Les rappels du matin et du soir, du sommeil et du réveil, de sortie et de retour chez soi, d'entrée et de sortie de la mosquée et d'autres invocations et rappels tels que : la récitation du Verset du Trône et des deux derniers versets de Sūrat Al-Baqara avant de dormir, et dire cent fois : « Il n'y a de dieu qu'Allāh, le Seul, l'Unique, qui n'a aucun associé, à Lui la souveraineté, à Lui la louange. », protègent de Satan pendant toute la journée, et l'appel à la prière chasse le diable.

Lorsque se produit un évènement désagréable ou que l'on se sent dépassé par les évènements

اَلدُّعَاءُ حِينَمَا يَقَعُ مَا لَا يَرْضَاهُ أَوْ غُلِبَ عَلَى أَمْرِهِ

• C'est la prédestination d'Allāh et Il a fait ce qu'Il a voulu.[1]

« قَدَرُ اللهِ وَمَا شَاءَ فَعَلَ ».

qadaru-l-lāhi wa mā shā'a fa'al.

Les félicitations pour une naissance et la réplique (de celui qui les reçoit)

تَهْنِئَةُ الْمَوْلُودِ لَهُ وَجَوَابُهُ

• Qu'Allāh bénisse ce qu'Il t'a donné et puisses-tu être reconnaissant envers Celui qui te l'a accordé. Puisse-t-il (cet enfant) atteindre sa pleine maturité, et puisses-tu bénéficier de son bon comportement envers toi.[2]

• A quoi on répond : « Qu'Allāh bénisse ce que tu as, qu'Il bénisse ta personne, qu'Il te récompense par le bien, qu'Il t'accorde un enfant comme le mien, et qu'Il te rétribue abondamment. »[3]

---

[1] « Le croyant fort est meilleur et plus aimé par Allah que le croyant faible et dans les deux il y a un grand bien. Recherche avec énergie tout ce qui te fait du bien, demande de l'aide à Allah et ne faiblis jamais. Si un malheur te touche ne dis pas : "Si j'avais fait telle chose, il ne m'aurait pas touché.", mais dis : "Allah en a prédestiné ainsi et, ce qu'Il a voulu, Il l'a fait.", car le mot "si" ouvre la voie à l'œuvre du diable. » Hadīth rapporté par Muslim : 1840.

[2] Tiré des paroles d'Al-Hasan Al-Basrī. Voir Tuhfatu-l-Mawlūd p. 20.

[3] Rapporté par An-Nawawī dans Al-Adhkār, voir Sahīh Al-Adhkār d'An-Nawawī par Salīm Al-Hilālī : 2/713.

« بَارَكَ اللهُ لَكَ فِي الْمَوْهُوبِ لَكَ، وَشَكَرْتَ الْوَاهِبَ، وَبَلَغَ أَشُدَّهُ، وَرُزِقْتَ بِرَّهُ ».

وَيَرُدُّ عَلَيْهِ الْمُهَنَّأُ فَيَقُولُ: « بَارَكَ اللهُ لَكَ، وَبَارَكَ عَلَيْكَ، وَجَزَاكَ اللهُ خَيْرًا، وَرَزَقَكَ اللهُ مِثْلَهُ، وَأَجْزَلَ ثَوَابَكَ ».

Celui qui présente ses félicitations :
bāraka-l-lāhu laka fi-l-mawhūbi laka, wa shakarta-l-wāhiba, wa balagha ashuddahu, wa ruziqta birrahu.

La réponse de celui qui a reçu les félicitations :
bāraka-l-lāhu laka, wa bāraka ‘alayka, wa jāzāka-l-lāhu khayran, wa razaqaka-l-lāhu mithlahu, wa ajzala thawābaka.

Pour protéger les enfants

مَا يُعَوَّذُ بِهِ الْأَوْلَادُ

• Je vous conjure, par les paroles parfaites d’Allāh, contre tout démon, contre tout animal nuisible, et contre tout mauvais œil.[1]

« أُعِيذُكُمَا بِكَلِمَاتِ اللهِ التَّامَّةِ، مِنْ كُلِّ شَيْطَانٍ وَهَامَّةٍ، وَمِنْ كُلِّ عَيْنٍ لَامَّةٍ ».

u‘īdhukumā bi-kalimāti-l-lāhi-t-tāmmati, min kulli shaytānin wa hāmma, wa min kulli ‘aynin lāmma.

[1] Al-Bukhārī : 4/119.

Lorsque l'on visite un malade
اَلدُّعَاءُ لِلْمَرِيضِ فِي عِيَادَتِهِ

• Puisse-t-il ne pas y avoir de mal en cela, et puisse cela être une purification pour toi si Allāh le veut.[1]

« لَا بَأْسَ، طَهُورٌ إِنْ شَاءَ اللهُ ».

lā ba'sa, ṯahūrun in s͟hā'a-l-lāh.

• Je demande à Allāh, le Très-Grand, Seigneur du Trône immense de te guérir (sept fois).[2]

« أَسْأَلُ اللهَ الْعَظِيمَ رَبَّ الْعَرْشِ الْعَظِيمِ أَنْ يَشْفِيَكَ ». (سَبْعًا).

as'alu-l-lāha-l-'az͟hīma rabba-l-'ars͟hi-l-'az͟hīm an yas͟hfiyak. (7)

Le mérite de rendre visite à un malade
فَضْلُ عِيَادَةِ الْمَرِيضِ

• Celui qui rend visite à son frère musulman malade marchera sur un chemin du Paradis entouré de palmiers jusqu'à ce qu'il s'assoie ; s'il s'assied, la miséricorde le couvrira entièrement. Si cette visite se fait le matin, soixante-dix mille anges prieront pour lui jusqu'au soir, et si celle-ci se fait le soir, soixante-dix mille anges prieront pour lui jusqu'au matin.[3]

---

[1] Al-Buk͟hārī, voir Al-Fat͟h : 10/118.

[2] Tout musulman qui rend visite à un malade qui n'est pas agonisant et qui récite sept fois cette invocation en sa faveur, alors Allāh guérira le malade. Abū Dāwud, At-Tirmid͟hī, voir Sa͟hī͟h At-Tirmid͟hī : 2/210 et Sa͟hī͟h Al-Jāmi' : 5/180.

[3] At-Tirmid͟hī, Ibn Māja et A͟hmad, voir Sa͟hī͟h Ibn Māja : 1/244 et Sa͟hī͟h At-Tirmid͟hī : 1/286.

إِذَا عَادَ الرَّجُلُ أَخَاهُ الْمُسْلِمَ مَشَى فِي خَرَافَةِ الْجَنَّةِ حَتَّى يَجْلِسَ، فَإِذَا جَلَسَ غَمَرَتْهُ الرَّحْمَةُ، فَإِنْ كَانَ غُدْوَةً، صَلَّى عَلَيْهِ سَبْعُونَ أَلْفَ مَلَكٍ حَتَّى يُمْسِيَ، وَإِنْ كَانَ مَسَاءً، صَلَّى عَلَيْهِ سَبْعُونَ أَلْفَ مَلَكٍ حَتَّى يُصْبِحَ.

Ce que doit dire le malade qui a perdu tout espoir de vivre

دُعَاءُ الْمَرِيضِ الَّذِي يَئِسَ مِنْ حَيَاتِهِ

• Ô Seigneur ! Pardonne-moi, fais-moi miséricorde et laisse-moi rejoindre le Très-Haut compagnon.[1]

« اَللَّهُمَّ اغْفِرْ لِي، وَارْحَمْنِي، وَأَلْحِقْنِي بِالرَّفِيقِ الْأَعْلَى ».

allāhumma-ghfir lī, wa-rhamnī, wa alhiqnī bi-r-rafīqi-l-a'lā.

• Lors de la maladie qui l'a emporté, le Prophète ﷺ plongeait ses mains dans l'eau, puis s'essuyait le visage avec, en disant : « *Il n'y a point de divinité digne d'adoration en dehors d'Allāh, certes une pénible agonie accompagne la mort.* »[2]

جَعَلَ رَسُولُ اللهِ صَلَّى اللهُ عَلَيْهِ وَسَلَّمَ يُدْخِلُ يَدَيْهِ فِي الْمَاءِ فَيَمْسَحُ بِهِمَا وَجْهَهُ وَيَقُولُ: « لَا إِلَهَ إِلَّا اللهُ، إِنَّ لِلْمَوْتِ سَكَرَاتٍ ».

lā illa-l-lāhu, inna li-l-mawti sakarāt.

---

[1] Al-Bukhārī : 7/10 et Muslim : 8/1893.

[2] Al-Bukhārī, voir Al-Fath : 8/144.

• Il n'y a point de divinité digne d'adoration en dehors d'Allāh et Allāh est le Plus Grand, il n'y a point de divinité digne d'adoration en dehors d'Allāh, Seul, il n'y a point de divinité digne d'adoration en dehors d'Allāh, sans associé, il n'y a point de divinité digne d'adoration en dehors d'Allāh, à Lui la royauté, à Lui la louange, il n'y a point de divinité digne d'adoration en dehors d'Allāh et il n'y a de force ni de puissance que par Allāh.[1]

« لَا إِلَهَ إِلَّا اللهُ وَاللهُ أَكْبَرُ، لَا إِلَهَ إِلَّا اللهُ وَحْدَهُ، لَا إِلَهَ إِلَّا اللهُ لَا شَرِيكَ لَهُ، لَا إِلَهَ إِلَّا اللهُ، لَهُ الْمُلْكُ وَلَهُ الْحَمْدُ، لَا إِلَهَ إِلَّا اللهُ، وَلَا حَوْلَ وَلَا قُوَّةَ إِلَّا بِاللهِ ».

lā ilāha illā-l-lāhu wa-l-lāhu akbaru, lā ilāha illā-l-lāhu wahdahu, lā ilāha illā-l-lāhu lā sharīka lahu, lā ilāha illā-l-lāhu, lahu-l-mulku wa lahu-l-hamdu, lā ilāha illā-l-lāhu, wa lā hawla wa lā quwwata illā bi-l-lāh.

Faire prononcer à l'agonisant la profession de foi
تَلْقِينُ الْمُحْتَضَرِ

• Celui dont la dernière parole sera : « Il n'y a point de divinité digne d'adoration en dehors d'Allāh » entrera au Paradis.[2]

مَنْ كَانَ آخِرُ كَلَامِهِ: « لَا إِلَهَ إِلَّا اللهُ » دَخَلَ الْجَنَّةَ.

lā ilāha illā-l-lāh.

---

[1] At-Tirmidhī et Ibn Māja, authentifié par Al-Albānī ; voir Sahīh Ibn Māja : 2/317 et Sahīh At-Tirmidhī : 3/152.
[2] Abū Dāwud : 3/190 et voir Sahīh Al-Jāmi' : 5/432.

Lorsque l'on est atteint par un m

دُعَاءُ مَنْ أُصِيبَ بِمُصِيبَةٍ

• Nous appartenons à Allāh et vers Lui nous retournerons. Ô Seigneur ! Accorde-moi une récompense dans mon malheur et fais-le suivre d'une chose meilleure.[1]

« إِنَّا لِلَّهِ وَإِنَّا إِلَيْهِ رَاجِعُونَ، اللَّهُمَّ أْجُرْنِي فِي مُصِيبَتِي وَاخْلُفْ لِي خَيْرًا مِنْهَا ».

innā li-l-lāhi wa innā ilayhi rāji'ūna, allāumma-'jurnī fī muṣībatī wa akhluf lī khayran minhā.

Après avoir fermé les yeux du mort

اَلدُّعَاءُ عِنْدَ إِغْمَاضِ الْمَيِّتِ

• Ô Seigneur ! Pardonne à untel (le nommer), élève son rang parmi ceux que tu as guidés, assure-lui un successeur dans sa descendance, pardonne-nous et pardonne-lui, ô Seigneur et Maître des mondes ! Elargis et illumine sa tombe ![2]

« اَللَّهُمَّ اغْفِرْ لِفُلَانٍ (بِاسْمِهِ) وَارْفَعْ دَرَجَتَهُ فِي الْمَهْدِيِّينَ، وَاخْلُفْهُ فِي عَقِبِهِ فِي الْغَابِرِينَ، وَاغْفِرْ لَنَا وَلَهُ يَا رَبَّ الْعَالَمِينَ، وَافْسَحْ لَهُ فِي قَبْرِهِ وَنَوِّرْ لَهُ فِيهِ ».

---

[1] Muslim : 2/632.

[2] Muslim : 2/634.

umma-ghfir li … (en citant le nom de la rsonne) wa-rfa‘ darajatahu fī-l-mahdiyyīn, wa-khlufhu fī ‘aqibihi fī-l-ghābirīn, wa-ghfir lanā wa lahū yā rabba-l-‘ālamīn, wa-fsah lahu fī qabrihi wa nawwir lahu fīh.

Invocation en faveur du défunt lors de la prière funéraire

اَلدُّعَاءُ لِلْمَيِّتِ فِي الصَّلَاةِ عَلَيْهِ

• Ô Allāh ! Pardonne-lui et fais-lui miséricorde. Préserve-le et accorde-lui l'indulgence. Accorde-lui une noble demeure, et élargis sa tombe. Lave-le avec l'eau, la neige et la grêle, et purifie-le des péchés comme on purifie l'habit blanc de la saleté. Substitue-lui une demeure meilleure que la sienne, une famille meilleure que la sienne et une épouse meilleure que la sienne. Fais-le entrer au Paradis, et offre-lui refuge contre les supplices de la tombe et le châtiment de l'Enfer.[1]

« اَللَّهُمَّ اغْفِرْ لَهُ وَارْحَمْهُ، وَعَافِهِ وَاعْفُ عَنْهُ، وَأَكْرِمْ نُزُلَهُ، وَوَسِّعْ مُدْخَلَهُ، وَاغْسِلْهُ بِالْمَاءِ وَالثَّلْجِ وَالْبَرَدِ، وَنَقِّهِ مِنَ الْخَطَايَا كَمَا يُنَقَّى الثَّوْبُ الْأَبْيَضُ مِنَ الدَّنَسِ، وَأَبْدِلْهُ دَارًا خَيْرًا مِنْ دَارِهِ، وَأَهْلًا خَيْرًا مِنْ أَهْلِهِ، وَزَوْجًا خَيْرًا مِنْ زَوْجِهِ، وَأَدْخِلْهُ الْجَنَّةَ، وَأَعِذْهُ مِنْ عَذَابِ الْقَبْرِ وَعَذَابِ النَّارِ ».

---

[1] Muslim : 2/663.

allāhumma-ghfir lahu wa-rhamhu, wa ʿāfihi wa-ʿfu ʿanhu, wa akrim nuzulahu, wa wassiʿ mudkhalahu, wa-ghsilhu bi-l-mā'i wa-th-thalji wa-l-baradi, wa naqqihi mina-l-khaṭāyā kamā yunaqqā-th-thawbu-l-abyadu mina-d-danasi, wa abdilhu dāran khayran min dārihi, wa ahlan khayran min ahlihi, wa zawjan khayran min zawjihi, wa adkhilhu-l-jannata, wa aʿidhhu min ʿadhābi-l-qabri wa ʿadhābi-n-nāri.

• Ô Allāh ! Pardonne à nos vivants et à nos morts, aux présents et aux absents, aux jeunes et aux vieux, aux hommes et aux femmes. Ô Allāh ! Celui d'entre nous que Tu laisses en vie, fais-le vivre suivant les règles de l'Islam, et celui que Tu rappelles vers Toi, fais-le mourir dans la foi. Ô Allāh ! Ne nous prive pas de sa récompense et ne nous égare pas après sa mort.[1]

« اَللَّهُمَّ اغْفِرْ لِحَيِّنَا وَمَيِّتِنَا، وَشَاهِدِنَا وَغَائِبِنَا، وَصَغِيرِنَا وَكَبِيرِنَا، وَذَكَرِنَا وَأُنْثَانَا، اللَّهُمَّ مَنْ أَحْيَيْتَهُ مِنَّا فَأَحْيِهِ عَلَى الْإِسْلَامِ، وَمَنْ تَوَفَّيْتَهُ مِنَّا فَتَوَفَّهُ عَلَى الْإِيمَانِ، اللَّهُمَّ لَا تَحْرِمْنَا أَجْرَهُ وَلَا تُضِلَّنَا بَعْدَهُ ».

allāhumma-ghfir li hayyinā wa mayyitinā, wa shāhidinā wa ghā'ibinā, wa saghīrinā wa kabīrinā, wa dhakarinā wa unthānā, allāhumma man ahyaytahu minnā fa-ahyihi ʿalā-l-islāmi, wa man tawaffaytahu minnā fa-tawaffahu ʿalā-l-īmāni, allāhumma lā tahrimnā ajrahu wa lā tudillanā baʿdah.

---

[1] Abū Dāwud n°3201, At-Tirmidhī n°1024, An-Nasā'ī n°1985, Ibn Māja : 1/480, Ahmad : 2/368, voir Sahīh Ibn Māja : 1/251.

• Ô Allāh ! Untel fils d'untel est sous Ta protection et à l'abri, en Ta compagnie, préserve-le donc de l'épreuve de la tombe et du châtiment de l'Enfer. Ô Toi Digne de loyauté et de justice, pardonne-lui et fais-lui miséricorde, car c'est Toi le Tout-Pardonnant, le Très-Miséricordieux.[1]

« اَللَّهُمَّ إِنَّ فُلَانَ بْنَ فُلَانٍ فِي ذِمَّتِكَ، وَحَبْلِ جِوَارِكَ، فَقِهِ مِنْ فِتْنَةِ الْقَبْرِ وَعَذَابِ النَّارِ، وَأَنْتَ أَهْلُ الْوَفَاءِ وَالْحَقِّ، فَاغْفِرْ لَهُ وَارْحَمْهُ، إِنَّكَ أَنْتَ الْغَفُورُ الرَّحِيمُ ».

allāhumma inna … (unel, fils d'untel) fī dhimmatika, wa habli jiwārika, fa-qihi min fitnati-l-qabri wa 'adhābi-n-nāri, wa anta ahlu-l-wafā'i wa-l-haqqi, fa-ghfir lahu wa-rhamhu, innaka anta-l-ghafūru-r-rahīm.

• Ô Allāh ! Ton serviteur, fils de Ta servante, a besoin de Ta miséricorde et Tu peux Te passer de le châtier. S'il était du nombre des bienfaiteurs, augmente le nombre de ses bonnes actions et s'il était pécheur, pardonne-lui.[2]

« اَللَّهُمَّ عَبْدُكَ وَابْنُ أَمَتِكَ احْتَاجَ إِلَى رَحْمَتِكَ، وَأَنْتَ غَنِيٌّ عَنْ عَذَابِهِ، إِنْ كَانَ مُحْسِنًا فَزِدْ فِي حَسَنَاتِهِ، وَإِنْ كَانَ مُسِيئًا فَتَجَاوَزْ عَنْهُ ».

allāhumma 'abduka wa-bnu amatika-htāja ilā rahmatika, wa anta ghaniyyun 'an 'adhābihi, in kāna muhsinan fazid fī hasanātihi, wa in kāna musī'an fatajāwaz 'anh.

---

[1] Abū Dawūd : 3/211 et Ibn Māja, voir Sahīh Ibn Māja : 1/251.
[2] Al-Hākim, établi et authentifié par Adh-Dhahabī, voir Ahkāmu-l-Janā'iz d'Al-Albānī p. 125.

Lors de la prière funéraire d'un enfant

اَلدُّعَاءُ لِلْفَرَطِ فِي الصَّلَاةِ عَلَيْهِ

• Ô Seigneur ! Préserve-le du châtiment de la tombe.[1]

« اَللَّهُمَّ أَعِذْهُ مِنْ عَذَابِ الْقَبْرِ ».

allāhumma a'idhhu min 'adhābi-l-qabr.

• Ô Allāh ! Fais de lui un prédécesseur et une source de bien pour ses parents et accepte son intercession (pour eux). Ô Allāh ! Grâce à lui, augmente le poids de leurs bonnes actions et leur récompense. Place-le parmi les croyants vertueux et mets-le sous la tutelle d'Ibrāhīm et préserve-le, par Ta miséricorde, du châtiment de l'Enfer. Accorde-lui une famille et une demeure meilleures que celles qui furent siennes. Ô Allāh ! Pardonne à nos ancêtres et à nos descendants et à ceux qui nous ont précédés dans la foi.[2]

« اَللَّهُمَّ اجْعَلْهُ فَرَطًا وَذُخْرًا لِوَالِدَيْهِ، وَشَفِيعًا مُجَابًا، اللَّهُمَّ ثَقِّلْ بِهِ مَوَازِينَهُمَا وَأَعْظِمْ بِهِ أُجُورَهُمَا، وَأَلْحِقْهُ بِصَالِحِ الْمُؤْمِنِينَ، وَاجْعَلْهُ فِي كَفَالَةِ إِبْرَاهِيمَ، وَقِهِ بِرَحْمَتِكَ عَذَابَ الْجَحِيمِ، وَأَبْدِلْهُ دَارًا خَيْرًا مِنْ دَارِهِ، وَأَهْلًا خَيْرًا مِنْ أَهْلِهِ، اللَّهُمَّ اغْفِرْ لِأَسْلَافِنَا، وَأَفْرَاطِنَا، وَمَنْ سَبَقَنَا بِالْإِيمَانِ ».

---

[1] Rapporté par Mālik dans Al-Muwatta' : 1/288 et par Al-Bayhaqī : 4/9.

[2] Ibn Qudāma dans Al-Mughnī : 3/416 et Ibn Bāz dans Ad-Durūsu-l-Muhimmatu-li-'Āmmati-l-Umma (*Les Leçons Importantes pour l'Ensemble de la Communauté*), p. 15.

allāhumma-j'alhu faraṯan wa dhukhran li-wālidayhi, wa shafī'an mujāban, allāhumma thaqqil bihi mawāzīnahumā wa a'zhim bihi 'ujūrahumā, wa alhiqhu bi-sālihi-l-mu'minīna, wa-j'alhu fī kafālati ibrāhīma, wa qihi bi-rahmatika 'adhāba-l-jahīmi, wa abdilhu dāran khayran min dārihi, wa ahlan khayran min ahlihi, allāhumma-ghfir li-aslāfinā, wa afrāṯinā, wa man sabaqanā bi-l-īmān.

• Ô Seigneur ! Fais qu'il soit pour nous un prédécesseur, un ascendant et une récompense.[1]

« اَللَّهُمَّ اجْعَلْهُ لَنَا فَرَطًا، وَسَلَفًا، وَأَجْرًا ».

allāhumma-j'alhu lanā faraṯan, wa salafan, wa ajran.

Les condoléances

دُعَاءُ التَّعْزِيَةِ

• Certes à Allāh appartient ce qu'Il a repris et ce qu'Il a donné, et chaque chose pour Lui a un terme fixé à l'avance. Patiente et espère la récompense d'Allāh.[2]

« إِنَّ لِلَّهِ مَا أَخَذَ، وَلَهُ مَا أَعْطَى، وَكُلُّ شَيْءٍ عِنْدَهُ إِلَى أَجَلٍ مُسَمًّى، فَلْتَصْبِرْ وَلْتَحْتَسِبْ ».

inna li-l-lāhi mā akhadha, wa lahu mā a'ṯā, wa kullu shay'in 'indahu ilā ajalin musammā, fa-l-tasbir wa-l-tahtasib.

[1] Al-Baghawi dans Sharhu-s-Sunnah : 5/357. Al-Hasan ﷺ récitait Sūrat Al-Fātiha, puis cette formule.
[2] Al-Bukhārī : 2/80 et Muslim : 2/636.

• Qu'Allāh accroisse ta rétribution, fasse que tu surmontes ton deuil avec succès et pardonne à ton défunt.[1]

« أَعْظَمَ اللهُ أَجْرَكَ، وَأَحْسَنَ عَزَاءَكَ، وَغفَرَ لِمَيِّتِكَ ».

a'zhama-l-lāhu ajraka, wa ahsana 'azā'aka, wa ghafara li-mayyitik.

Lorsque l'on place le mort dans sa tombe
اَلدُّعَاءُ عِنْدَ إِدْخَالِ الْمَيِّتِ الْقَبْرَ

• Au nom d'Allāh et conformément à la Sunna du Messager d'Allāh.[2]

« بِسْمِ اللهِ وَعَلَى سُنَّةِ رَسُولِ اللهِ ».

bismi-l-lāhi wa 'alā sunnati rasūli-l-lāh.

Après l'enterrement
دُعَاءُ بَعْدَ دَفْنِ الْمَيِّتِ

• Ô Allāh ! Pardonne-lui ! Ô Allāh ! raffermis-le ![3]

« اَللَّهُمَّ اغْفِرْ لَهُ، اللَّهُمَّ ثَبِّتْهُ ».

allāhumma-ghfir lahu, allāhumma thabbithu.

---

[1] Al-Adhkār d'An-Nawawī, p. 126.

[2] Abū Dāwud : 3/314.

[3] Abū Dāwud : 3/315. Le Prophète ﷺ ordonna aux personnes présentes à la fin de l'enterrement d'implorer le pardon et le raffermissement pour le mort, car le moment était venu de son interrogatoire par les anges.

Lorsque l'on visite les tombes

دُعَاءُ زِيَارَةِ الْقُبُورِ

• Que le salut soit sur vous, habitants de ces demeures, croyants et musulmans. Nous allons, si Allāh veut, certainement vous rejoindre. (Qu'Allāh accorde Sa grâce à ceux qui sont morts avant nous et à ceux qui vont les suivre.) Nous implorons Allāh afin qu'Il nous accorde, à vous et nous, le salut.[1]

« اَلسَّلَامُ عَلَيْكُمْ أَهْلَ الدِّيَارِ مِنَ الْمُؤْمِنِينَ وَالْمُسْلِمِينَ وَإِنَّا إِنْ شَاءَ اللهُ بِكُمْ لَاحِقُونَ (وَيَرْحَمُ اللهُ الْمُسْتَقْدِمِينَ مِنَّا وَالْمُسْتَأْخِرِينَ)، نَسْأَلُ اللهَ لَنَا وَلَكُمُ الْعَافِيَةَ ».

as-salāmu 'alaykum ahla-d-diyāri mina-l-mu'minīna wa-l-muslimīna wa innā in sh̲ā'a-l-lāhu bikum lāh̲iqūna (wa yarh̲amu-l-lāhu-l-mustaqdimīna minnā wa-l-musta'kh̲irīn), nas'alu-l-lāha lanā wa lakumu-l-'āfiya.

Lorsque le vent souffle

دُعَاءُ الرِّيحِ

• Ô Allāh ! Je te demande son bien et je cherche refuge auprès de Toi contre son mal.[2]

---

[1] Muslim 2/671.

[2] Abū Dāwud : 4/326 et Ibn Māja : 2/1228, voir S̲ah̲īh̲ Ibn Māja : 2/305.

« اَللَّهُمَّ إِنِّي أَسْأَلُكَ خَيْرَهَا، وَأَعُوذُ بِكَ مِنْ شَرِّهَا ».

allāhumma innī as'aluka khayrahā, wa a'ūdhu bika min sharrihā.

• Ô Allāh ! Je Te demande son bien, le bien qu'il contient et le bien pour lequel il a été envoyé. Et je cherche refuge auprès de Toi contre son mal, le mal qu'il contient et contre le mal pour lequel il a été envoyé.[1]

« اَللَّهُمَّ إِنِّي أَسْأَلُكَ خَيْرَهَا، وَخَيْرَ مَا فِيهَا، وَخَيْرَ مَا أُرْسِلَتْ بِهِ، وَأَعُوذُ بِكَ مِنْ شَرِّهَا، وَشَرِّ مَا فِيهَا، وَشَرِّ مَا أُرْسِلَتْ بِهِ ».

allāhumma innī as'aluka khayrahā, wa khayra mā fīhā, wa khayra mā ursilat bihi, wa a'ūdhu bika min sharrihā, wa sharri mā fīhā, wa sharri mā ursilat bih.

Lorsqu'on entend le tonnerre

دُعَاءُ الرَّعْدِ

• Gloire à celui que le tonnerre glorifie par Sa louange, et aussi les anges, sous l'effet de sa crainte (extrait du verset de Sūrat Ar-Ra'd [Le Tonnerre]).

« سُبْحَانَ الَّذِي يُسَبِّحُ الرَّعْدُ بِحَمْدِهِ وَالْمَلَائِكَةُ مِنْ خِيفَتِهِ ».

subhāna-l-ladhī yusabbihu-r-ra'du bi-hamdihi wa-l-malā'ikatu min khīfatihi.

[1] Muslim : 2/616 et Al-Bukhārī : 4/76.

Pour demander la pluie

مِنْ أَدْعِيَةِ الِاسْتِسْقَاءِ

• Ô Allāh ! Accorde-nous une pluie abondante, bénéfique et fertile, non nocive, rapide et non tardive.[1]

« اَللَّهُمَّ اسْقِنَا غَيْثًا مُغِيثًا مَرِيئًا مَرِيعًا، نَافِعًا غَيْرَ ضَارٍّ، عَاجِلًا غَيْرَ آجِلٍ ».

allāhumma-sqinā ghaythan mughīthan marī'an, nāfi'an ghayra dārrin, 'ājilan ghayra ājilin.

• Ô Allāh ! Fais tomber sur nous la pluie ! Ô Allāh ! Fais tomber sur nous la pluie ! Ô Allāh ! Fais tomber sur nous la pluie ![2]

« اَللَّهُمَّ أَغِثْنَا، اللَّهُمَّ أَغِثْنَا، اللَّهُمَّ أَغِثْنَا ».

allāhumma aghithnā, allāhumma aghithnā, allāhumma aghithnā.

• Ô Seigneur ! Abreuve Tes serviteurs et Tes bêtes. Répands Ta miséricorde et redonne vie à la terre morte.[3]

« اَللَّهُمَّ اسْقِ عِبَادَكَ وَبَهَائِمَكَ، وَانْشُرْ رَحْمَتَكَ، وَأَحْيِ بَلَدَكَ الْمَيِّتَ ».

allāhumma-sqi 'ibādaka wa bahā'imaka, wa-nshur rahmataka, wa ahyi baladaka-l-mayyit.

---

[1] Abū Dāwud : 1/303.
[2] Al-Bukhārī : 1/224 et Muslim : 2/613.
[3] Abū Dāwud : 1/305.

Lorsque tombe la pluie

اَلدُّعَاءُ إِذَا نَزَلَ الْمَطَرُ

- Fais que ce soit une pluie abondante et utile ![1]

« اَللَّهُمَّ صَيِّبًا نَافِعًا ».

allāhumma ṣayyiban nāfi'an.

Après la pluie

اَلذِّكْرُ بَعْدَ نُزُولِ الْمَطَرِ

- Il a plu sur nous par la grâce d'Allāh et Sa miséricorde ![2]

« مُطِرْنَا بِفَضْلِ اللهِ وَرَحْمَتِهِ ».

muṭirnā bi-faḏli-l-lāhi wa raḫmatih.

Pour demander l'arrêt de la pluie (lorsqu'on la craint)

مِنْ أَدْعِيَةِ الْاِسْتِصْحَاءِ

- Ô Allāh ! Fais que cette pluie tombe autour de nous et non sur nous. Ô Allāh ! Dirige-la vers les collines, les montagnes, les vallées et les plantations d'arbres.[3]

---

[1] Al-Bukhārī, voir Al-Fatḫ : 2/518.
[2] Al-Bukhārī : 1/205 et Muslim : 1/83.
[3] Al-Bukhārī : 1/224 et Muslim : 2/614.

« اَللَّهُمَّ حَوَالَيْنَا وَلَا عَلَيْنَا، اللَّهُمَّ عَلَى الْآكَامِ وَالظِّرَابِ وَبُطُونِ الْأَوْدِيَةِ وَمَنَابِتِ الشَّجَرِ ».

allāhumma ḫawālaynā wa lā ‘alaynā, allāhumma ‘alā-l-ākāmi wa-zh-zhirābi wa buṯūni-l-awdiyati wa manābiti-sh-shajari.

A la vue de la nouvelle lune

دُعَاءُ رُؤْيَةِ الْهِلَالِ

• Allāh est le Plus Grand ! Ô Allāh ! Apporte-nous avec cette nouvelle lune la sécurité et la foi, le salut et l'Islam ainsi que la réussite dans tout ce que Tu aimes, notre Seigneur, et agrées. Notre Seigneur et ton Seigneur est Allāh.[1]

« اَللهُ أَكْبَرُ، اللَّهُمَّ أَهِلَّهُ عَلَيْنَا بِالْأَمْنِ وَالْإِيمَانِ، وَالسَّلَامَةِ وَالْإِسْلَامِ، وَالتَّوْفِيقِ لِمَا تُحِبُّ رَبَّنَا وَتَرْضَى، رَبُّنَا وَرَبُّكَ اللهُ ».

allāhu akbar, allāhumma ahillahu ‘alaynā bi-l-amni wa-l-'īmāni, wa-s-salāmati wa-l-islāmi, wa-t-tawfīqi limā tuḫibbu rabbanā wa tarḏā, rabbunā wa rabbuka-l-lāhu.

---

[1] At-Tirmidhī : 5/504.

A la rupture du jeûne
اَلدُّعَاءُ عِنْدَ إِفْطَارِ الصَّائِمِ

• La soif est dissipée, les veines sont abreuvées et la récompense nous sera accordée par la volonté d'Allāh.[1]

« ذَهَبَ الظَّمَأُ، وَابْتَلَّتِ الْعُرُوقُ، وَثَبَتَ الْأَجْرُ إِنْ شَاءَ اللهُ ».

dhahaba-zh-zhama'u, wa-b-tallati-l-'urūqu, wa thabata-l-ajru in shā'a-l-lāh.

• Ô Allāh ! Je T'implore, par Ta miséricorde qui embrasse toute chose, de me pardonner.[2]

« اَللَّهُمَ إِنِّي أَسْأَلُكَ بِرَحْمَتِكَ الَّتِي وَسِعَتْ كُلَّ شَيْءٍ أَنْ تَغْفِرْ لِي ».

allāhumma innī as'aluka bi-rahmatika-l-latī wasi'at kulla shay'in an taghfira lī.

En commençant à manger
اَلدُّعَاءُ قَبْلَ الطَّعَامِ

• Au nom d'Allāh.

« بِسْمِ اللهِ ».

bismi-l-lāh.

---

[1] Abū Dāwud : 2/306.
[2] Ibn Māja 1/557.

• Et si on a oublié de le dire au début du repas, dire dès que l'on s'en souvient : « Au nom d'Allāh, du début à la fin. » [1]

فَإِنْ نَسِيَ فِي أَوَّلِهِ فَلْيَقُلْ: « بِسْمِ اللهِ فِي أَوَّلِهِ وَآخِرِهِ ».

bismi-l-lāhi fī awwalihi wa ākhirih.

• Celui à qui Dieu accorde une nourriture, qu'il dise : « Ô Allāh ! Bénis ce mets et accorde-nous une nourriture meilleure encore. »

مَنْ أَطْعَمَهُ اللهُ الطَّعَامَ فَلْيَقُلْ: « اَللَّهُمَّ بَارِكْ لَنَا فِيهِ وَأَطْعِمْنَا خَيْرًا مِنْهُ ».

allāhumma bārik lanā fīhi wa aṭʻimnā khayran minh.

• Et celui qu'Il abreuve de lait qu'il dise : « Ô Allāh, bénis-le nous et accorde-nous-en davantage. »[2]

ومَنْ سَقَاهُ اللهُ لَبَنًا فَلْيَقُلْ: « اَللَّهُمَّ بَارِكْ لَنَا فِيهِ وَزِدْنَا مِنْهُ ».

allāhumma bārik lanā fīhi wa zidnā minh.

Une fois le repas terminé

اَلدُّعَاءُ عِنْدَ الْفَرَاغِ مِنَ الطَّعَامِ

• Louange à Allāh qui m'a nourri de cela et m'en a pourvu sans effort ni force de ma part.[1]

[1] Abū Dāwud : 3/347 et At-Tirmidhī : 4/288.
[2] At-Tirmidhī : 5/506.

« اَلْحَمْدُ لِلَّهِ الَّذِي أَطْعَمَنِي هَذَا وَرَزَقَنِيهِ، مِنْ غَيْرِ حَوْلٍ مِنِّي وَلَا قُوَّةٍ ».

al-hamdu li-l-lāhi-l-ladhī aṭ'amanī hādhā wa razaqanīhi, min ghayri hawlin minnī wa lā quwwa.

• La louange abondante, pure et bénie revient à Allāh. Nul ne peut Te louer et T'être reconnaissant pour Tes bienfaits autant que Tu ne le mérites, personne ne peut se passer de Toi, ô notre Seigneur.[2]

« اَلْحَمْدُ لِلَّهِ حَمْدًا كَثِيرًا طَيِّبًا مُبَارَكًا فِيهِ، غَيْرَ مَكْفِيٍّ وَلَا مُوَدَّعٍ وَلَا مُسْتَغْنًى عَنْهُ رَبَّنَا ».

al-hamdu li-l-lāhi hamdan kathīran ṭayyiban mubārakan fīhi, ghayra makfiyyin wa lā muwadda'in wa lā mustaghnan 'anhu rabbanā.

Ce que doit dire l'invité à son hôte

دُعَاءُ الضَّيْفِ لِصَاحِبِ الطَّعَامِ

• Ô Allāh ! Bénis ce que Tu leur as accordé comme subsistance, pardonne-leur et fais-leur miséricorde.[3]

« اَللَّهُمَّ بَارِكْ لَهُمْ فِيمَا رَزَقْتَهُمْ، وَاغْفِرْ لَهُمْ، وَارْحَمْهُمْ ».

allāhumma bārik lahum fī-mā razaqtahum, wa-ghfir lahum, wa-rhamhum.

---

[1] Rapporté par les auteurs d'As-Sunan sauf An-Nasā'ī, voir Sahīh At-Tirmidhī : 3/159.

[2] Al-Bukhārī : 6/214 et At-Tirmidhī : 5/508.

[3] Muslim : 3/1615.

En faveur de celui qui offre à boire ou qui le désire
اَلدُّعَاءُ لِمَنْ سَقَاهُ أَوْ أَرَادَ ذَلِكَ

• Ô Allāh ! Nourris celui qui m'a nourri et abreuve celui qui m'a abreuvé.[1]

« اَللَّهُمَّ أَطْعِمْ مَنْ أَطْعَمَنِي وَاسْقِ مَنْ سَقَانِي ».

allāhumma aṯ'im man aṯ'amanī wa-s-qi man saqānī.

En faveur de l'hôte chez qui l'on rompt le jeûne
اَلدُّعَاءُ إِذَا أَفْطَرَ عِنْدَ أَهْلِ بَيْتٍ

• Que les jeûneurs rompent leur jeûne chez vous, que les pieux partagent votre nourriture et que les anges prient pour vous.[2]

« أَفْطَرَ عِنْدَكُمُ الصَّائِمُونَ وَأَكَلَ طَعَامَكُمُ الْأَبْرَارُ، وَصَلَّتْ عَلَيْكُمُ الْمَلَائِكَةُ ».

afṯara 'indakumu-ṣ-ṣā'imūna, wa 'akala ṯa'āmakumu-l-abrāru, wa ṣallat 'alaykumu-l-malā'ika.

---

[1] Muslim : 3/1626.
[2] Abū Dāwud : 3/367 et Ibn Māja : 1/556.

Ce que dit le jeûneur lorsqu'on lui présente à manger et qu'il ne rompt pas son jeûne

دُعَاءُ الصَّائِمِ إِذَا حَضَرَ الطَّعَامَ وَلَمْ يُفْطِرْ

• Quand l'un de vous est invité à un repas, qu'il réponde à l'invitation. S'il jeûne, qu'il fasse des invocations en faveur de celui qui l'invite, et s'il ne jeûne pas, qu'il mange.[1]

إِذَا دُعِيَ أَحَدُكُمْ فَلْيُجِبْ، فَإِنْ كَانَ صَائِمًا فَلْيُصَلِّ، وَإِنْ كَانَ مُفْطِرًا فَلْيَطْعَمْ.

Ce que dit le jeûneur s'il se fait insulter

دُعَاءُ الصَّائِمِ إِذَا سَابَّهُ أَحَدٌ

• Je jeûne, je jeûne.[2]

« إِنِّي صَائِمٌ، إِنِّي صَائِمٌ ».

innī s̲ā'im, innī s̲ā'im.

[1] Muslim : 2/1054.
[2] Al-Buk̲h̲ārī, voir Al-Fath̲ : 4/103 et Muslim : 2/806.

Lors de l'apparition des premiers fruits

اَلدُّعَاءُ عِنْدَ رُؤْيَةِ بَاكُورَةِ الثَّمَرِ

• Ô Seigneur ! Bénis nos fruits, bénis notre ville, bénis notre S̱â' (unité de mesure équivalant à trois Mudd) et bénis notre Mudd (quantité que renferment deux mains jointes d'un homme de taille normale) ! [1]

« اَللَّهُمَّ بَارِكْ لَنَا فِي ثَمَرِنَا، وَبَارِكْ لَنَا فِي مَدِينَتِنَا، وَبَارِكْ لَنَا فِي صَاعِنَا، وَبَارِكْ لَنَا فِي مُدِّنَا ».

allāhumma bārik lanā fī th̲amarinā, wa bārik lanā fī madīnatinā, wa bārik lanā fī s̱ā'inā, wa bārik lanā fī muddinā.

Lorsque quelqu'un éternue

دُعَاءُ الْعُطَاسِ

• Celui qui éternue dit : « Louanges à Allāh », l'autre personne répond : « Qu'Allāh te fasse miséricorde ! », le premier répond : « Qu'Allāh vous guide et améliore votre situation ! » [2]

---

[1] Muslim : 2/1000.

[2] Al-Buk̲h̲ārī : 7/125.

إِذَا عَطَسَ أَحَدُكُمْ فَلْيَقُلْ: « اَلْحَمْدُ لِلَّهِ »، وَلْيَقُلْ لَهُ أَخُوهُ أَوْ صَاحِبُهُ:« يَرْحَمُكَ اللهُ »، فَإِذَا قَالَ لَهُ: « يَرْحَمُكَ اللهُ »، فَلْيَقُلْ: «يَهْدِيكُمُ اللهُ وَيُصْلِحُ بَالَكُمْ ».

Celui qui éternue : al-hamdu li-l-lāh.

Celui qui l'entend : yarhamuka-l-lāh.

Réponse de celui qui a éternué et a dit : « al-hamdu li-l-lāh » : yahdīkumu-l-lāhu wa yuslihu bālakum.

A dire au mécréant qui éternue et loue Allāh

مَا يُقَالُ لِلْكَافِرِ إِذَا عَطَسَ فَحَمِدَ اللهَ

• Qu'Allāh vous guide et améliore votre situation ![1]

« يَهْدِيكُمُ اللهُ وَيُصْلِحُ بَالَكُمْ ».

yahdīkumu-l-lāhu wa yuslihu bālakum.

A dire au nouveau marié

اَلدُّعَاءُ لِلْمُتَزَوِّجِ

• Qu'Allāh bénisse pour toi (ce mariage), qu'Il te bénisse et vous unisse pour le meilleur.[2]

« بَارَكَ اللهُ لَكَ، وَبَارَكَ عَلَيْكَ، وَجَمَعَ بَيْنَكُمَا فِي الْخَيْرِ ».

bāraka-l-lāhu laka, wa bāraka 'alayka, wa jama'a baynakumā fi-l-khayr.

---

[1] At-Tirmidhī : 5/82 et Ahmad : 4/400 et Abū Dāwud : 4/308.

[2] Rapporté par les auteurs d'As-Sunan sauf An-Nasā'ī, voir Sahīh At-Tirmidhī : 1/316.

Ce que dit celui qui se marie ou qui achète une monture

دُعَاءُ الْمُتَزَوِّجِ وَشِرَاءِ الدَّابَّةِ

• Je Te demande son bienfait et le bienfait pour lequel Tu l'as créé(e), et je me réfugie auprès de Toi contre son mal et le mal pour lequel Tu l'as créé(e).[1]

« اَللَّهُمَّ إِنِّي أَسْأَلُكَ خَيْرَهَا، وَخَيْرَ مَا جَبَلْتَهَا عَلَيْهِ، وَأَعُوذُ بِكَ مِنْ شَرِّهَا، وَشَرِّ مَا جَبَلْتَهَا عَلَيْهِ ».

allāhumma innī as'aluka k͟hayrahā, wa k͟hayra mā jabaltahā ʻalayhi, wa aʻūd͟hu bika min s͟harrihā, wa s͟harri mā jabaltahā ʻalayh.

Avant les rapports intimes

اَلدُّعَاءُ قَبْلَ إِتْيَانِ الزَّوْجَةِ

• Au nom d'Allāh. Ô Allāh ! Eloigne de nous Satan, et éloigne-le de ce que Tu nous as accordé.[2]

« بِسْمِ اللهِ، اللَّهُمَّ جَنِّبْنَا الشَّيْطَانَ، وَجَنِّبِ الشَّيْطَانَ مَا رَزَقْتَنَا ».

bismi-l-lāh, allāhumma jannibna-s͟h-s͟hayṯāna, wa jannibi-s͟h-s͟hayṯāna mā razaqtanā.

---

[1] Abū Dāwud : 2/248 et Ibn Māja : 1/617, voir Saẖīẖ Ibn Māja : 1/324.

[2] Al-Buk͟hārī : 6/141 et Muslim : 2/1028.

Lors des moments de colère
دُعَاءُ الْغَضَبِ

• Je me réfugie auprès d'Allāh contre Satan le maudit.[1]

« أَعُوذُ بِاللهِ مِنَ الشَّيْطَانِ الرَّجِيمِ ».

a'ūdhu bi-l-lāhi mina-sh-shaytāni-r-rajīm.

Lorsque l'on voit une personne éprouvée
دُعَاءُ مَنْ رَأَى مُبْتَلًى

• La louange est à Allāh qui m'a préservé des épreuves que tu subis et m'a préféré à beaucoup de Ses créatures.[2]

« اَلْحَمْدُ لِلَّهِ الَّذِي عَافَانِي مِمَّا ابْتَلَاكَ بِهِ، وَفَضَّلَنِي عَلَى كَثِيرٍ مِمَّنْ خَلَقَ تَفْضِيلًا ».

al-hamdu li-l-lāhi-l-ladhī 'āfānī mimma-btalāka bihi, wa faddalanī 'alā kathīrin mimman khalaqa tafdīlā.

[1] Al-Bukhārī : 8/99 et Muslim : 4/2015.
[2] At-Tirmidhī : 5/494 et 5/493.

A dire lors d'une assemblée

مَا يُقَالُ فِي الْمَجْلِسِ

• Ibn 'Umar ﷺ a rapporté que le Prophète ﷺ prononçait, dans une seule assemblée, cent fois cette invocation : « *Seigneur, pardonne-moi et accepte mon repentir, car Tu es l'Accueillant au repentir, le Tout-Pardonnant.* »[1]

عَنِ ابْنِ عُمَرَ رَضِيَ اللهُ عَنْهُمَا، قَالَ: كَانَ يُعَدُّ لِرَسُولِ اللهِ صَلَّى اللهُ عَلَيْهِ وَسَلَّمَ فِي الْمَجْلِسِ الْوَاحِدِ مِائَةَ مَرَّةٍ مِن قَبْلِ أَنْ يَقُومَ: « رَبِّ اغْفِرْ لِي وَتُبْ عَلَيَّ، إِنَّكَ أَنْتَ التَّوَّابُ الرَّحِيمُ ».

rabbi-ghfir lī wa tub 'alayya, innaka anta-t-tawwābu-r-rahīm.

[1] At-Tirmidhī, voir Sahīh At-Tirmidhī : 3/153 et Sahīh Ibn Māja : 2/321.

Invocation d'expiation de l'assemblée

كَفَّارَةُ الْمَجْلِسِ

• Gloire et louange à Toi, Ô Allāh. J'atteste qu'il n'y a point de divinité digne d'adoration en dehors de Toi. Je Te demande pardon et me repens à Toi.[1]

« سُبْحَانَكَ اللَّهُمَّ وَبِحَمْدِكَ، أَشْهَدُ أَنْ لَا إِلَهَ إِلَّا أَنْتَ، أَسْتَغْفِرُكَ وَأَتُوبُ إِلَيْكَ ».

subhānaka-l-lāhumma wa bi-hamdika, ashhadu an lā ilāha illā anta, astaghfiruka wa atūbu ilayk.

A répondre à celui qui dit : « Qu'Allāh te pardonne »

اَلدُّعَاءُ لِمَنْ قَالَ: غَفَرَ اللهُ لَكَ

• Ainsi qu'à toi.[2]

« وَلَكَ ».

wa laka.

---

[1] 'Ā'isha ﵂ rapporte que le Messager d'Allah ﷺ ne se levait jamais d'une assemblée, ni ne récitait du Coran, ni n'accomplissait une prière sans la conclure par cette formule. Rapporté par les auteurs d'As-Sunan, voir Sahīh At-Tirmidhī : 3/153.

[2] Ahmad : 5/82.

A celui qui nous rend service

اَلدُّعَاءُ لِمَنْ صَنَعَ لَكَ مَعْرُوفًا

- Qu'Allāh te récompense de la meilleure façon.[1]

« جَزَاكَ اللهُ خَيْرًا ».

jazāka-l-lāhu khayrā.

Pour être préservé du Masīh Ad-Dajjāl (l'Antéchrist)

مَا يُعْصَمُ بِهِ مِنَ الدَّجَّالِ

- Apprendre les dix premiers versets de la Sūrat Al-Kahf (La Caverne).

مَنْ حَفِظَ عَشْرَ آيَاتٍ مِنْ أَوَّلِ سُورَةِ الْكَهْفِ عُصِمَ مِنَ الدَّجَّالِ.

- Demander la protection d'Allāh contre la tentation de l'Antéchrist avant le salām de chaque prière rituelle.[2]

اَلْاِسْتِعَاذَةُ بِاللهِ مِنْ فِتْنَتِهِ عَقِبَ التَّشَهُّدِ الْأَخِيرِ مِنْ كُلِّ صَلَاةٍ.

---

[1] At-Tirmidhī n°2035, voir Sahīh At-Tirmidhī : 2/200.

[2] Muslim : 1/555.

A répondre à qui nous dit : « Je t'aime en Allāh »

اَلدُّعَاءُ لِمَن قَالَ: إِنِّي أُحِبُّكَ فِي اللهِ

- Qu'Il t'aime Celui pour qui tu m'as aimé.[1]

« أَحَبَّكَ الَّذِي أَحْبَبْتَنِي لَهُ ».

a<u>h</u>abbaka-l-la<u>dh</u>ī a<u>h</u>babtanī lahu.

A celui qui propose de donner ses biens

اَلدُّعَاءُ لِمَنْ عَرَضَ عَلَيْكَ مَالَهُ

- Qu'Allāh bénisse pour toi ta famille et tes biens.[2]

« بَارَكَ اللهُ لَكَ فِي أَهْلِكَ وَمَالِكَ ».

bāraka-l-lāhu laka fī ahlika wa mālik.

---

[1] Abū Dāwud : 4/333.

[2] Al-Bu<u>kh</u>ārī, voir Al-Fat<u>h</u> : 4/288.

Ce que dit celui qui s'acquitte d'une dette à son créancier

اَلدُّعَاءُ لِمَنْ أَقْرَضَ عِنْدَ الْقَضَاءِ

• Qu'Allāh bénisse pour toi ta famille et tes biens ; la récompense de la dette est l'acquittement de celle-ci et la louange.[1]

« بَارَكَ اللهُ لَكَ فِي أَهْلِكَ وَمَالِكَ، إِنَّمَا جَزَاءُ السَّلَفِ الْوَفَاءُ وَالْحَمْدُ ».

bāraka-l-lāhu laka fī ahlika wa mālika, innamā jazā'u-s-salafi-l-wafā'u wa-l-hamd.

Par crainte de l'associationnisme (Ash-Shirk)

دُعَاءُ الْخَوْفِ مِنَ الشِّرْكِ

• Ô Allāh ! Je me réfugie auprès de Toi contre le fait de Te donner des associés consciemment, et je Te demande pardon pour ce que je fais par ignorance.[2]

« اَللَّهُمَّ إِنِّي أَعُوذُ بِكَ مِنْ أَنْ أُشْرِكَ بِكَ وَأَنَا أَعْلَمُ، وَأَسْتَغْفِرُكَ لِمَا لَا أَعْلَمُ ».

allāhumma innī a'ūdhu bika min an ushrika bika wa anā a'lam, wa astaghfiruka li-mā lā a'lam.

---

[1] Ibn Māja : 2/809.

[2] Ahmad : 4/403.

En réponse à celui qui nous dit : « Qu'Allāh te bénisse »

اَلدُّعَاءُ لِمَنْ قَالَ: بَارَكَ اللهُ فِيكَ

- Et qu'Allāh te bénisse également.[1]

« وَفِيكَ بَارَكَ اللهُ ».

wa fīka bāraka-l-lāh.

La réprobation de l'augure

دُعَاءُ كَرَاهِيَّةِ الطِّيَرَةِ

- Ô Allāh ! Il n'y a d'augure que Ton augure et il n'y a de bien que celui qui vient de Toi. Et il n'y a point de divinité digne d'adoration en dehors de Toi.[2]

« اَللَّهُمَّ لَا طَيْرَ إِلَّا طَيْرُكَ، وَلَا خَيْرَ إِلَّا خَيْرُكَ، وَلَا إِلَهَ غَيْرُكَ ».

allāhumma lā ṯayra illā ṯayruk, wa lā khayra illā khayruk, wa lā ilāha ghayruk.

---

[1] Ibn As-Sunnī, p. 138 n°278.

[2] Ahmad : 2/220 et Ibn As-Sunnī n°292. Par contre le Prophète ﷺ aimait le bon présage, vu qu'il a répondu par : « Nous prenons ton bon augure en ce que tu viens de dire » à un homme qui avait dit une bonne chose.

En empruntant un moyen de transport (monture ou autre)

دُعَاءُ الرُّكُوبِ

• Au nom d'Allāh, la louange est à Allāh. ﴿ Gloire à Celui qui a mis ceci à notre service alors que nous n'étions pas capables de le maîtriser. – Et c'est vers notre Seigneur que se fera notre retour. ﴾[1] Louange à Allāh, louange à Allāh, louange à Allāh. Allāh est le Plus Grand, Allāh est le Plus Grand, Allāh est le Plus Grand. Gloire à Toi, Ô Allāh ! Je me suis fait du tort, pardonne-moi, car personne d'autre que Toi ne pardonne les péchés.[2]

« بِسْمِ اللهِ، الْحَمْدُ لِلَّهِ، ﴿ سُبْحَٰنَ ٱلَّذِى سَخَّرَ لَنَا هَٰذَا وَمَا كُنَّا لَهُۥ مُقْرِنِينَ ۝١٣ وَإِنَّآ إِلَىٰ رَبِّنَا لَمُنقَلِبُونَ ۝١٤ ﴾ الْحَمْدُ لِلَّهِ، الْحَمْدُ لِلَّهِ، الْحَمْدُ لِلَّهِ، اللهُ أَكْبَرُ، اللهُ أَكْبَرُ، اللهُ أَكْبَرُ، سُبْحَانَكَ اللَّهُمَّ، إِنِّي قَدْ ظَلَمْتُ نَفْسِي فَاغْفِرْ لِي، فَإِنَّهُ لَا يَغْفِرُ الذُّنُوبَ إِلَّا أَنْتَ ».

bismi-l-lāhi, al-ḥamdu li-l-lāhi, ﴿ subḥāna-l-ladhī sakhkhara lanā hādhā wa mā kunnā lahu muqrinīn, wa innā ilā rabbinā la-munqalibūn ﴾, al-ḥamdu-li-l-lāhi, al-ḥamdu-li-l-lāhi, al-ḥamdu-li-l-lāhi, allāhu akbaru, allāhu akbaru, allāhu akbaru, subḥanaka-l-lāhumma, innī qad zhalamtu nafsī fa-ghfir lī, fa-'innahu lā yaghfiru-dh-dhunūba illā ant.

---

[1] Sūrat Az-Zukhruf (L'Ornement) : versets 14 et 15.

[2] Abū Dāwud : 3/34 et At-Tirmidhī : 5/501.

Invocation du voyage

دُعَاءُ السَّفَرِ

• Au nom d'Allāh, au nom d'Allāh, au nom d'Allāh ﴿ Gloire à Celui qui a mis ceci à notre service alors que nous n'étions pas capables de le maîtriser. – Et c'est vers notre Seigneur que se fera notre retour. ﴾[1] Ô Allāh ! Nous Te demandons dans ce voyage la piété, la crainte, ainsi que tout acte qui Te satisfait. Ô Allāh ! Facilite-nous ce voyage et diminue-nous-en la distance. Ô Allāh ! Tu es Celui qui nous accompagne au voyage et Celui qui nous remplace auprès de la famille. Ô Allāh ! Je me réfugie auprès de Toi contre les fatigues du voyage, contre tout paysage exprimant la tristesse, et contre tout mal qui pourrait nous toucher à notre retour, dans nos biens et nos familles.

• Au retour, on poursuit par : « Nous voilà donc de retour, pleinement soumis et dévoués, louant notre Seigneur. »[2]

« اللهُ أَكْبَرُ، اللهُ أَكْبَرُ، اللهُ أَكْبَرُ، ﴿ سُبْحَٰنَ ٱلَّذِى سَخَّرَ لَنَا هَٰذَا وَمَا كُنَّا لَهُۥ مُقْرِنِينَ ﴿١٣﴾ وَإِنَّآ إِلَىٰ رَبِّنَا لَمُنقَلِبُونَ ﴿١٤﴾ ﴾، اللَّهُمَّ إِنَّا نَسْأَلُكَ فِي سَفَرِنَا هَذَا الْبِرَّ وَالتَّقْوَى، وَمِنَ الْعَمَلِ مَا تَرْضَى، اللَّهُمَّ هَوِّنْ عَلَيْنَا سَفَرَنَا هَذَا وَاطْوِ عَنَّا بُعْدَهُ، اللَّهُمَّ أَنْتَ الصَّاحِبُ فِي السَّفَرِ، وَالْخَلِيفَةُ فِي الْأَهْلِ، اللَّهُمَّ إِنِّي أَعُوذُ بِكَ مِنْ وَعْثَاءِ السَّفَرِ، وَكَآبَةِ الْمَنْظَرِ، وَسُوءِ الْمُنْقَلَبِ فِي الْمَالِ وَالْأَهْلِ ». وَإِذَا رَجَعَ قَالَهُنَّ وَزَادَ فِيهِنَّ: « آيِبُونَ تَائِبُونَ عَابِدُونَ لِرَبِّنَا حَامِدُونَ ».

---

[1] Sūrat Az-Zukhruf (L'Ornement) : versets 14 et 15.

[2] Muslim : 2/998.

allāhu akbar, allāhu akbar, allāhu akbar ﴿ subhāna-l-ladhī sakhkhara lanā hādhā wa mā kunnā lahu muqrinīn, wa innā ilā rabbinā la-munqalibūn ﴾, allāhumma innā nas'aluka fī safarinā hādhā-l-birra wa-t-taqwā, wa mina-l- 'amali mā tardā, allāhumma hawwin 'alaynā safaranā hādhā wa-twi 'annā bu'dahu, allāhumma anta-s-sāhibu fi-s-safari, wa-l-khalīfatu fi-l-ahli, allāhumma innī a'ūdhu bika min wa'thā'i-s-safari, wa ka'ābati-l-manzhari, wa sū'i-l-munqalabi fi-l-māli wa-l-ahli.

Au retour rajouter : āyibūn, tā'ibūn, 'ābidūn, li-rabbinā hāmidūn.

En entrant dans une ville ou un village

دُعَاءُ دُخُولِ الْقَرْيَةِ أَوِ الْبَلْدَةِ

• Ô Allāh ! Seigneur des sept cieux et de ce qu'ils abritent, Seigneur des sept terres et de ce qu'elles portent, Seigneur des démons et de ceux qu'ils égarent, Seigneur des vents et de ce qu'ils éparpillent, je Te demande de m'accorder le bien de cette ville, le bien de ses habitants et le bien de ce qui s'y trouve. Et je me réfugie auprès de Toi contre le mal de cette ville, le mal de ses habitants et le mal qui s'y trouve.[1]

« اَللَّهُمَّ رَبَّ السَّمَوَاتِ السَّبْعِ وَمَا أَظْلَلْنَ، وَرَبَّ الْأَرَاضِينَ السَّبْعِ وَمَا أَقْلَلْنَ، وَرَبَّ الشَّيَاطِينِ وَمَا أَضْلَلْنَ، وَرَبَّ الرِّيَاحِ وَمَا ذَرَيْنَ، أَسْأَلُكَ خَيْرَ هَذِهِ الْقَرْيَةِ، وَخَيْرَ أَهْلِهَا، وَخَيْرَ مَا فِيهَا، وَأَعُوذُ بِكَ مِنْ شَرِّهَا، وَشَرِّ أَهْلِهَا، وَشَرِّ مَا فِيهَا ».

[1] Al-Hākim, authentifié et établi par Adh-Dhahabī : 2/100.

allāhumma rabba-s-samāwāti-s-sab'i wa mā azhlalna, wa rabba-l-arādīna-s-sab'i wa mā aqlalna, wa rabba-sh-shayātīni wa mā adlalna, wa rabba-r-riyāhi wa mā dharayn, as'aluka khayra hādhihi-l-qaryati, wa khayra ahlihā, wa khayra mā fīhā, wa a'ūdhu bika min sharrihā, wa sharri ahlihā, wa sharri mā fīhā.

En entrant au marché

دُعَاءُ دُخُولِ السُّوقِ

• Il n'y a point de divinité digne d'adoration en dehors d'Allāh, Seul, sans associé. A Lui la royauté, à Lui la louange, Il donne la vie et donne la mort, Il est Vivant et ne mourra jamais. Le bien est dans Sa main et Il est Omnipotent.[1]

« لَا إِلَهَ إِلَّا اللهُ، وَحْدَهُ لَا شَرِيكَ لَهُ، لَهُ الْمُلْكُ وَلَهُ الْحَمْدُ، يُحْيِي وَيُمِيتُ، وَهُوَ حَيٌّ لَا يَمُوتُ، بِيَدِهِ الْخَيْرُ، وَهُوَ عَلَى كُلِّ شَيْءٍ قَدِيرٌ ».

lā ilāha illā-l-lāhu, wahdahu lā sharīka lahu, lahu-l-mulku wa lahu-l-hamdu, yuhyī wa yumītu, wa huwa hayyun lā yamūtu, biyadihi-l-khayru, wa-huwa 'alā kulli shay'in qadīr.

[1] Al-Hākim : 1/538 et Ibn Māja : 5/291.

Lorsque la monture trébuche
اَلدُّعَاءُ إِذَا تَعِسَ الْمَرْكُوبُ

- Au nom d'Allāh ![1]

« بِسْمِ اللهِ ».

bismi-l-lāh.

Ce que dit le voyageur au résident
دُعَاءُ الْمُسَافِرِ لِلْمُقِيمِ

- Je vous confie à Allāh dont les dépôts ne se perdent jamais.[2]

« أَسْتَوْدِعُكَ اللهَ الَّذِي لَا تَضِيعُ وَدَائِعُهُ ».

astawdi'uka-l-lāha-l-ladhī lā taḏī'u wadā'i'uh.

Ce que dit le résident au voyageur
دُعَاءُ الْمُقِيمِ لِلْمُسَافِرِ

- Je confie à Allāh ta religion, tes dépôts et tes dernières œuvres.[3]

---

[1] Abū Dāwud : 4/296.
[2] Ibn Māja : 2/943 et Ahmad : 2/403.
[3] At-Tirmidhī : 5/499 et Ahmad : 2/7.

« أَسْتَوْدِعُ اللهَ دِينَكَ، وَأَمَانَتَكَ، وَخَوَاتِيمَ عَمَلِكَ ».

astawdi'u-l-lāha dīnaka, wa amānataka, wa khawātīma 'amalik.

• Qu'Allāh t'accorde la crainte, qu'Il pardonne tes péchés et qu'Il te facilite le bien où que tu te trouves.[1]

« زَوَّدَكَ اللهُ التَّقْوَى، وَغَفَرَ ذَنْبَكَ، وَيَسَّرَ لَكَ الْخَيْرَ حَيْثُمَا كُنْتَ ».

zawwadaka-l-lāhu-t-taqwā, wa ghafara dhanbaka, wa yassara laka-l-khayra haythumā kunt.

La proclamation de la grandeur et de la gloire d'Allāh au cours des voyages

اَلتَّكْبِيرُ وَالتَّسْبِيحُ فِي سَيْرِ السَّفَرِ

• Selon Jābir ﷺ : A chaque montée, nous disions : « Allāh est le Plus Grand. » Et à chaque descente : « Gloire à Allāh ! »[2]

قَالَ جَابِرٌ رَضِيَ اللهُ عَنْهُ: « كُنَّا إِذَا صَعِدْنَا كَبَّرْنَا وَإِذَا نَزَلْنَا سَبَّحْنَا ».

allāhu akbar.

subhāna-l-lāh.

[1] At-Tirmidhī, voir Sahīh At-Tirmidhī : 3/155.
[2] Al-Bukhārī, voir Al-Fath : 6/135.

L'invocation du voyageur aux dernières heures de la nuit

دُعَاءُ الْمُسَافِرِ إِذَا أَسْحَرَ

• Puisse un témoin entendre notre louange à Allāh pour tous Ses bienfaits et Sa grande générosité envers nous. Notre Seigneur, accompagne-nous et accorde-nous Tes bienfaits. Je me réfugie auprès d'Allāh contre le châtiment de l'Enfer.[1]

« سَمِعَ سَامِعٌ بِحَمْدِ اللهِ وَنِعْمَتِهِ وَحُسْنِ بَلَائِهِ عَلَيْنَا، اللَّهُمَّ صَاحِبْنَا، وَأَفْضِلْ عَلَيْنَا، عَائِذًا بِاللهِ مِنَ النَّارِ ».

sami'a sāmi'un bi-hamdi-l-lāhi wa ni'matihi wa husni balā'ihi 'alaynā, allāhumma sahibnā, wa afdil 'alaynā, 'ā'idhan bi-l-lāhi mina-n-nār.

Lorsqu'on fait une halte en voyage

اَلدُّعَاءُ إِذَا نَزَلَ مَنْزِلًا فِي سَفَرٍ أَوْ غَيْرِهِ

• Je me réfugie auprès des paroles parfaites d'Allāh contre le mal de ce qu'Il a créé.[2]

[1] Muslim : 4/2086.
[2] Muslim : 4/2080.

« أَعُوذُ بِكَلِمَاتِ اللهِ التَّامَّاتِ مِنْ شَرِّ مَا خَلَقَ ».

a'ū<u>dh</u>u bikalimāti-l-lāhi-t-tāmmāti min <u>sh</u>arri mā <u>kh</u>alaq.

Au retour d'un voyage
ذِكْرُ الرُّجُوعِ مِنَ السَّفَرِ

• Répéter trois fois à chaque montée : « Allāh est le Plus Grand », puis dire : « Il n'y a point de divinité digne d'adoration en dehors d'Allāh, Seul, sans associé. A Lui la royauté, à Lui la louange et Il est Omnipotent. Nous voilà donc de retour, pleinement soumis et dévoués, prosternés, louant notre Seigneur. Allāh a tenu Sa promesse, a rendu victorieux Son Serviteur et a mis en déroute, à Lui Seul, les coalisés.[1]

يُكَبِّرُ عَلَى كُلِّ شَرَفٍ مِنَ الْأَرْضِ ثَلَاثَ تَكْبِيرَاتٍ، ثُمَّ يَقُولُ: « لَا إِلَهَ إِلَّا اللهُ وَحْدَهُ لَا شَرِيكَ لَهُ، لَهُ الْمُلْكُ وَلَهُ الْحَمْدُ وَهُوَ عَلَى كُلِّ شَيْءٍ قَدِيرٌ، آيِبُونَ، تَائِبُونَ، عَابِدُونَ، سَاجِدُونَ، لِرَبِّنَا حَامِدُونَ، صَدَقَ اللهُ وَعْدَهُ، وَنَصَرَ عَبْدَهُ، وَهَزَمَ الْأَحْزَابَ وَحْدَهُ ».

lā ilāha illā-l-lāhu wa<u>h</u>dahu lā <u>sh</u>arīka lahu, lahu-l-mulku wa lahu-l-<u>h</u>amdu, wa huwa 'alā kulli <u>sh</u>ay'in qadīrun, āyibūna, tā'ibūna, 'ābidūna, sājidūna, li-rabbinā <u>h</u>āmidūna, <u>s</u>adaqa-l-lāhu wa'dahu, wa na<u>s</u>ara 'abdahu, wa hazama-l-a<u>h</u>zāba wa<u>h</u>dah.

---

[1] Al-Bu<u>kh</u>ārī : 7/163 et Muslim : 2/980. Le Prophète ﷺ répétait cette formule à chaque retour d'une conquête ou d'un pèlerinage.

Lorsque l'on apprend une bonne ou une mauvaise nouvelle

مَا يَقُولُ وَيَفْعَلُ مَنْ أَتَاهُ أَمْرٌ يَسُرُّهُ أَوْ يَكْرَهُهُ

Pour une bonne nouvelle :

- Louanges à Allāh par la grâce de qui s'accomplissent les bonnes choses.

Pour une mauvaise nouvelle :

- Louanges à Allāh en toutes circonstances.[1]

كَانَ الرَّسُولُ صَلَّى اللهُ عَلَيْهِ وَسَلَّمَ إِذَا أَتَاهُ الأَمْرُ يَسُرُّهُ قَالَ: « اَلْحَمْدُ لِلَّهِ الَّذِي بِنِعْمَتِهِ تَتِمُّ الصَّالِحَاتُ ». وَإِذَا أَتَاهُ أَمْرٌ يَكْرَهُهُ قَالَ: « اَلْحَمْدُ لِلَّهِ عَلَى كُلِّ حَالٍ ».

al-hamdu li-l-lāhi-l-ladhī bi-ni'matihi tatimmu-s-sālihāt.

al-hamdu li-l-lāhi 'alā kulli hāl.

Le mérite de prier sur le Prophète ﷺ

فَضْلُ الصَّلَاةِ عَلَى النَّبِيِّ صَلَّى اللهُ عَلَيْهِ وَسَلَّمَ

- Le Prophète ﷺ a dit : « *Celui qui prie sur moi une fois, Allāh lui accordera Sa miséricorde dix fois.* »[1]

---

[1] Al-Hākim : 1/499.

قَالَ الرَّسُولُ صَلَّى اللهُ عَلَيْهِ وَسَلَّمَ: « مَنْ صَلَّى عَلَيَّ صَلَاةً صَلَّى اللهُ عَلَيْهِ بِهَا عَشْرًا ».

• Le Prophète ﷺ a dit : « *Ne faites pas de ma tombe un lieu de célébration et priez sur moi, car votre prière me parvient où que vous soyez.* »[2]

وَقَالَ صَلَّى اللهُ عَلَيْهِ وَسَلَّمَ: « لَا تَجْعَلُوا قَبْرِي عِيدًا، وَصَلُّوا عَلَيَّ، فَإِنَّ صَلَاتَكُمْ تَبْلُغُنِي حَيْثُ كُنْتُمْ ».

• Le Prophète ﷺ a dit : « *Certes, l'avare est celui qui, lorsque l'on m'évoque en sa présence, ne prie pas sur moi.* »[3]

وَقَالَ صَلَّى اللهُ عَلَيْهِ وَسَلَّمَ: « اَلْبَخِيلُ مَنْ ذُكِرْتُ عِنْدَهُ فَلَمْ يُصَلِّ عَلَيَّ ».

• Le Prophète ﷺ a dit : « *Allāh a des anges qui parcourent la terre pour me transmettre le salut de ma communauté.* »[4]

وَقَالَ صَلَّى اللهُ عَلَيْهِ وَسَلَّمَ: « إِنَّ لِلَّهِ مَلَائِكَةً سَيَّاحِينَ فِي الْأَرْضِ يُبَلِّغُونِي مِنْ أُمَّتِي السَّلَامَ ».

• Le Prophète ﷺ a dit : « *A chaque fois que quelqu'un m'adresse le salut, Allāh me rend mon âme afin que je puisse répondre à son salut.* »[5]

وَقَالَ صَلَّى اللهُ عَلَيْهِ وَسَلَّمَ: « مَا مِنْ أَحَدٍ يُسَلِّمُ عَلَيَّ إِلَّا رَدَّ اللهُ عَلَيَّ رُوحِي حَتَّى أَرُدَّ عَلَيْهِ السَّلَامَ ».

---

[1] Muslim : 1/288.
[2] Abū Dāwud : 2/218 et Ahmad : 2/367.
[3] At-Tirmidhī : 5/551.
[4] An-Nasā'ī : 3/43 et Al-Hākim : 2/421.
[5] Abū Dāwud n°2041 et voir Sahīh Abū Dāwud : 1/383.

Le mérite de la salutation
إفْشَاءُ السَّلَامِ

• Le Messager d'Allāh ﷺ a dit : « *Vous n'entrerez pas au Paradis tant que vous n'aurez pas la foi, et vous n'aurez pas la foi tant que vous ne vous aimerez pas les uns les autres. Voulez-vous que je vous dise ce qui vous fera vous aimer les uns les autres ? La salutation !* » [1]

قَالَ رَسُولُ اللهِ صَلَّى اللهُ عَلَيْهِ وَسَلَّمَ: « لَا تَدْخُلُونَ الْجَنَّةَ حَتَّى تُؤْمِنُوا، وَلَا تُؤْمِنُوا حَتَّى تَحَابُّوا، أَوَلَا أَدُلُّكُمْ عَلَى شَيْءٍ إِذَا فَعَلْتُمُوهُ تَحَابَبْتُمْ؟ أَفْشُوا السَّلَامَ بَيْنَكُمْ ».

• Celui chez qui trois vertus sont réunies a ainsi atteint la foi : l'équité, même à son propre détriment, la salutation à tous, et la dépense malgré le besoin.[2]

« ثَلَاثٌ مَنْ جَمَعَهُنَّ فَقَدْ جَمَعَ الْإِيمَانَ: الْإِنْصَافُ مِنْ نَفْسِكَ، وَبَذْلُ السَّلَامِ لِلْعَالَمِ، وَالْإِنْفَاقُ مِنَ الْإِقْتَارِ ».

• Selon 'Abdullāh Ibn 'Amrū Ibn Al-'Āṣ ﷺ, un homme demanda au Prophète ﷺ : « Quel est le meilleur Islam ? » Il lui dit : « *Nourrir le pauvre et saluer celui que tu connais tout comme celui que tu ne connais pas.* »[3]

---

[1] Muslim : 1/74.
[2] Al-Bukhārī, voir Al-Fath : 1/82.
[3] Al-Bukhārī, voir Al-Fath : 1/55 et Muslim : 1/65.

وَعَنْ عَبْدِ اللهِ بْنِ عَمْرِو بْنِ الْعَاصِ رَضِيَ اللهُ عَنْهُمَا أَنَّ رَجُلًا سَأَلَ النَّبِيَّ صَلَّى اللهُ عَلَيْهِ وَسَلَّمَ: أَيُّ الْإِسْلَامِ خَيْرٌ؟ فَقَالَ: « تُطْعِمُ الطَّعَامَ، وَتَقْرَأُ السَّلَامَ عَلَى مَنْ عَرَفْتَ وَمَنْ لَمْ تَعْرِفْ ».

Comment rendre le salut au mécréant ?
كَيْفَ يَرُدُّ السَّلَامَ عَلَى الْكَافِرِ إِذَا سَلَّمَ

- A vous de même.[1]

« وَعَلَيْكُمْ ».

wa 'alaykum.

Lorsque l'on entend un coq chanter ou un âne braire
دُعَاءُ صِيَاحِ الدِّيكِ وَنَهِيقِ الْحِمَارِ

- Lorsque vous entendez un coq, invoquez Allāh afin qu'Il vous accorde de Sa générosité, car le coq a vu un ange. Lorsque vous entendez un âne, réfugiez-vous auprès d'Allāh contre Satan, car l'âne a vu un diable.[2]

إِذَا سَمِعْتُمْ صِيَاحَ الدِّيَكَةِ، فَاسْأَلُوا اللهَ مِنْ فَضْلِهِ، فَإِنَّهَا رَأَتْ مَلَكًا، وَإِذَا سَمِعْتُمْ نَهِيقَ الْحِمَارِ، فَتَعَوَّذُوا بِاللهِ مِنَ الشَّيْطَانِ، فَإِنَّهُ رَأَى شَيْطَانًا.

---

[1] Al-Bukhārī, voir Al-Fath : 11/42 et Muslim : 4/1705.
[2] Al-Bukhārī, voir Al-Fath : 6/350 et Muslim : 4/2092.

Lorsque l'on entend des chiens aboyer la nuit
دُعَاءُ نُبَاحِ الْكِلَابِ بِاللَّيْلِ

• Quiconque entend l'aboiement des chiens et le braiment des ânes durant la nuit, qu'il cherche refuge auprès d'Allāh (contre Satan le maudit), car ils (les chiens et les ânes) voient ce que vous ne voyez pas.[1]

إِذَا سَمِعْتُمْ نُبَاحَ الْكِلَابِ وَنَهِيقَ الْحَمِيرِ بِاللَّيْلِ، فَتَعَوَّذُوا بِاللهِ فَإِنَّهُنَّ يَرَيْنَ مَا لَا تَرَوْنَ.

A dire en faveur de ceux que l'on a insultés
اَلدُّعَاءُ لِمَنْ سَبَبْتَهُ

• Le Prophète ﷺ a dit : « *Ô Allāh ! Fais, pour chaque croyant que j'ai insulté, que cette insulte soit pour lui un moyen de se rapprocher de Toi le Jour de la Résurrection.* »[2]

قَالَ رَسُولُ اللهِ صَلَّى اللهُ عَلَيْهِ وَسَلَّمَ: « اَللَّهُمَّ فَأَيُّمَا مُؤْمِنٍ سَبَبْتُهُ فَاجْعَلْ ذَلِكَ لَهُ قُرْبَةً إِلَيْكَ يَوْمَ الْقِيَامَةِ ».

allāhumma fa-'ayyumā mu'minin sababtuhu fa-j'al dhālika lahu qurbatan ilayka yawma-l-qiyāma.

---

[1] Abū Dāwud : 4/327 et Ahmad : 3/306.
[2] Al-Bukhārī, voir Al-Fath : 11/171 et Muslim : 3/2008.

Ce qu'il faut dire lorsque l'on veut couvrir quelqu'un d'éloges
مَا يَقُولُ الْمُسْلِمُ إِذَا مَدَحَ الْمُسْلِمَ

• Le Prophète ﷺ a dit : « *Si l'un de vous doit faire des éloges en faveur de son ami qu'il dise : "Je crois qu'untel est comme cela, et Allāh est Juge, je ne vante les mérites de personne à Allāh (car Il sait tout). Je crois (s'Il lui connaît ces qualités) qu'il possède telle et telle qualité."* »[1]

قَالَ صَلَّى اللهُ عَلَيْهِ وَسَلَّمَ: « إِذَا كَانَ أَحَدُكُمْ مَادِحًا أَخَاهُ لَا مَحَالَةَ فَلْيَقُلْ: "أَحْسِبُ فُلَانًا، وَاللهُ حَسِيبُهُ وَلَا أُزَكِّي عَلَى اللهِ أَحَدًا، أَحْسَبُهُ – إِنْ كَانَ يَعْلَمُ ذَاكَ – كَذَا وَكَذَا" ».

ahsibu …(et l'on cite le nom de la personne concernée), wa-l-lāhu hasībuhu wa lā uzakkī 'alā-l-lāhi ahadā…

Ce que doit dire celui qui reçoit des éloges
مَا يَقُولُ الْمُسْلِمُ إِذَا زُكِّيَ

• Ô Seigneur ! Ne me châtie pas pour ce qu'ils disent de moi, pardonne-moi pour ce qu'ils ne savent pas (et fais que je sois meilleur que ce qu'ils pensent de moi).[2]

---

[1] Muslim : 4/2296.
[2] Bukhārī, dans Al-Adab Al-Mufrad, n° 761.

« اَللَّهُمَّ لَا تُؤَاخِذْنِي بِمَا يَقُولُونَ، وَاغْفِرْ لِي مَا لَا يَعْـ …
خَيْرًا مِمَّا يَظُنُّونَ) ».

…umma lā tu'ākhidhnī bimā yaqūlūna, wa-ghfir lī …ā lā ya'lamūn, (wa-j'alnī khayran mimmā yazhunnūn).

La Talbiya pour celui qui effectue le hajj ou la 'umra
كَيْفَ يُلَبِّي الْمُحْرِمُ فِي الْحَجِّ أَوِ الْعُمْرَةِ

• Me voici soumis, ô Seigneur, me voilà. Me voici soumis, Tu n'as pas d'associé, me voilà. En vérité la louange, la grâce et la royauté T'appartiennent, Tu n'as pas d'associé.[1]

« لَبَّيْكَ اللَّهُمَّ لَبَّيْكَ، لَبَّيْكَ لَا شَرِيكَ لَكَ لَبَّيْكَ، إِنَّ الْحَمْدَ وَالنِّعْمَةَ لَكَ وَالْمُلْكَ، لَا شَرِيكَ لَكَ ».

labbayka-l-lāhumma labbayk, labbayka lā sharīka laka labbayk, inna-l-hamda wa-n-ni'mata laka wa-l-mulk, lā sharīka lak.

Le Takbīr en passant devant la Pierre Noire
اَلتَّكْبِيرُ إِذَا أَتَى الرُّكْنَ الْأَسْوَدَ

• Allāh est le Plus Grand.[2]

---

[1] Al-Bukhārī, voir Al-Fath : 3/408 et Muslim : 2/841.
[2] Al-Bukhārī, voir Al-Fath : 3/476.

طَافَ النَّبِيُّ صَلَّى اللهُ عَلَيْهِ وَسَلَّمَ بِالْبَيْتِ عَلَى بَعِيرٍ، كُلَّمَا أَتَى الرُّكْنَ أَشَارَ إِلَيْهِ بِشَيْءٍ وَكَبَّرَ.

allāhu akbar.

L'invocation entre le coin yéménite et la Pierre Noire
اَلدُّعَاءُ بَيْنَ الرُّكْنِ الْيَمَانِي وَالْحَجَرِ الأَسْوَدِ

• Ô Seigneur, accordc-nous une belle part ici-bas et une belle part dans l'au-delà et préserve-nous du châtiment de l'Enfer.[1]

﴿ رَبَّنَآ ءَاتِنَا فِى ٱلدُّنْيَا حَسَنَةً وَفِى ٱلْأَخِرَةِ حَسَنَةً وَقِنَا عَذَابَ ٱلنَّارِ ﴾

﴿ rabbanā ātinā fi-d-dunyā hasana, wa fi-l-ākhirati hasana, wa qinā 'adhāba-nnār ﴾

En montant As-Safā et Al-Marwa
دُعَاءُ الْوُقُوفِ عَلَى الصَّفَا وَالْمَرْوَةِ

• ﴿ En vérité, As-Safā et Al-Marwa font partie des rites institués par Allāh ﴾ [2] ; je commence par celui qu'Allāh a cité en premier (As-Safā). Il n'y a point de divinité digne d'adoration en dehors d'Allāh, Allāh est le Plus Grand. Il n'y a point de divinité digne d'adoration en dehors d'Allāh, Seul, sans associé. Allāh a tenu Sa promesse, a rendu victorieux Son

[1] Abū Dāwud2/179 et Ahmad : 3/411.
[2] (2 : 258) Sūrat Al-Baqara (La Vache) : Verset 258.

Serviteur et a mis en déroute, à Lui Seul, les coalisés. (Trois fois, en invoquant Allāh entre chaque invocation) Faire de même sur Al-Marwa.[1]

لَمَّا دَنَا صَلَّى اللهُ عَلَيْهِ وَسَلَّمَ مِنَ الصَّفَا قَرَأَ: ﴿ إِنَّ ٱلصَّفَا وَٱلْمَرْوَةَ مِن شَعَآئِرِ ٱللَّهِ ﴾ أَبْدَأُ بِمَا بَدَأَ اللهُ بِهِ، فَبَدَأَ بِالصَّفَا، فَرَقِيَ عَلَيْهِ حَتَّى رَأَى الْبَيْتَ فَاسْتَقْبَلَ الْقِبْلَةَ فَوَحَّدَ اللهَ وَكَبَّرَهُ وَقَالَ: « لَا إِلَهَ إِلَّا اللهُ وَحْدَهُ لَا شَرِيكَ لَهُ، لَهُ الْمُلْكُ وَلَهُ الْحَمْدُ وَهُوَ عَلَى كُلِّ شَيْءٍ قَدِيرٌ، لَا إِلَهَ إِلَّا اللهُ وَحْدَهُ، أَنْجَزَ وَعْدَهُ، وَنَصَرَ عَبْدَهُ، وَهَزَمَ الْأَحْزَابَ وَحْدَهُ ». ثُمَّ دَعَا بَيْنَ ذَلِكَ، قَالَ مِثْلَ هَذَا ثَلَاثَ مَرَّاتٍ. فَفَعَلَ عَلَى الْمَرْوَةِ كَمَا فَعَلَ عَلَى الصَّفَا.

﴾ inna-s-safā wa-l-marwata min sha'ā'iri-l-lāh ﴿ abda'u bimā bada'a-l-lāhu bih. lā ilāha illā-l-lāhu wahdahu lā sharīka lahu, lahu-l-mulku wa lahu-l-hamdu wa huwa 'alā kulli shay'in qadīrun, lā ilāha illā-l-lāhu wahdahu, anjaza wa'dahu, wa nasara 'abdahu, wa hazama-l-ahzāba wahdah.

Le rappel du jour de 'Arafa
اَلدُّعَاءُ يَوْمَ عَرَفَةَ

• Il n'y a point de divinité digne d'adoration en dehors d'Allāh, Seul, sans associé. A Lui la royauté, à Lui la louange et Il est Omnipotent.[1]

[1] Muslim : 2/888.

« لَا إِلَهَ إِلَّا اللهُ وَحْدَهُ لَا شَرِيكَ لَهُ، لَهُ الْمُلْكُ وَلَهُ الْحَمْدُ، وَهُوَ عَلَى كُلِّ شَيْءٍ قَدِيرٌ ».

lā ilāha illā-l-lāhu wahdahu lā sharīka lahu, lahu-l-mulku wa lahu-l-hamdu, wa huwa ‘alā kulli shay’in qadīr.

Le rappel à Al-Mash‘ar Al-Harām

اَلذِّكْرُ عِنْدَ الْمَشْعَرِ الْحَرَامِ

• Le Prophète ﷺ monta sur sa chamelle Al-Qaswā’ jusqu’à parvenir à Al-Mash‘ar Al-Harām (Al-Muzdalifa), il se dirigea alors vers la Qibla (il invoqua Allāh, proclama Sa grandeur et Son unicité et Le loua). Il resta ainsi debout à dire ses invocations jusqu’à ce que l’aurore fût clairement apparue, puis il prit la route avant le lever du soleil.[2]

رَكِبَ صَلَّى اللهُ عَلَيْهِ وَسَلَّمَ الْقَصْوَاءَ حَتَّى أَتَى الْمَشْعَرَ الْحَرَامَ، فَاسْتَقْبَلَ الْقِبْلَةَ (فَدَعَاهُ، وَكَبَّرَهُ، وَهَلَّلَهُ، وَوَحَّدَهُ)، فَلَمْ يَزَلْ وَاقِفًا حَتَّى أَسْفَرَ جِدًّا فَدَفَعَ قَبْلَ أَنْ تَطْلُعَ الشَّمْسُ.

---

[1] At-Tirmidhī voir Sahīh At-Tirmidhī : 3/184.
[2] Muslim : 2/891.

Lors de la lapidation des stèles
اَلتَّكْبِيرُ عِنْدَ رَمْيِ الْجِمَارِ مَعَ كُلِّ حَصَاةٍ

• Dites : « Allāhu Akbar » (Allāh est le Plus Grand) à chaque jet de cailloux, en lapidant les trois stèles. Puis, lors de la lapidation des deux premières stèles, avancez de quelques pas vers la Qibla et invoquez Allāh en levant les mains. Sur la stèle d'Al-'Aqaba, (la plus proche de La Mecque), contentez-vous de jeter des cailloux en disant : « Allāhu Akbar » sans vous y arrêter.[1]

يُكَبِّرُ كُلَّمَا رَمَى بِحَصَاةٍ عِنْدَ الْجِمَارِ الثَّلَاثِ، ثُمَّ يَتَقَدَّمُ وَيَقِفُ يَدْعُو مُسْتَقْبِلَ الْقِبْلَةِ، رَافِعًا يَدَيْهِ بَعْدَ الْجَمْرَةِ الْأُولَى وَالثَّانِيَةِ. أَمَّا جَمْرَةُ الْعَقَبَةِ فَيَرْمِيهَا وَيُكَبِّرُ عِنْدَ كُلِّ حَصَاةٍ وَيَنْصَرِفُ وَلَا يَقِفُ عِنْدَهَا.

allāhu akbar.

Lorsque l'on est étonné ou qu'on nous annonce une bonne nouvelle
مَا يَقُولُ عِنْدَ التَّعَجُّبِ وَالْأَمْرِ السَّارِّ

• Gloire à Allāh ![2]

« سُبْحَانَ اللهِ ».

subhāna-l-lāh.

---

[1] Al-Bukhārī, voir Al-Fath : 3/583.
[2] Al-Bukhārī, voir Al-Fath : 1/210 et Muslim : 4/1857.

- Allāh est le Plus Grand ![1]

« اَللّٰهُ أَكْبَرُ ».

allāhu akbar.

A l'annonce d'une bonne nouvelle
مَا يَفْعَلُ مَنْ أَتَاهُ أَمْرٌ يَسُرُّهُ

• Lorsque le Prophète ﷺ apprenait une heureuse nouvelle ou quelque chose qui le rendait heureux, il se prosternait aussitôt devant Allāh, l'Exalté et le Très-Haut, en signe de reconnaissance.[2]

كَانَ صَلَّى اللهُ عَلَيْهِ وَسَلَّمَ إِذَا أَتَاهُ أَمْرٌ يَسُرُّهُ أَوْ بُشِّرَ بِهِ، خَرَّ سَاجِدًا شُكْرًا لِلَّهِ تَبَارَكَ وَتَعَالَى.

Lorsque l'on ressent une douleur dans le corps
مَا يَقُولُ مَنْ أَحَسَّ وَجَعًا فِي جَسَدِهِ

• On pose sa main sur l'endroit douloureux en disant trois fois : « Au nom d'Allāh », puis sept fois : « Je me réfugie auprès d'Allāh et de Sa puissance contre le mal que je ressens et que je redoute. »[3]

---

[1] Al-Bukhārī, voir Al-Fath : 8/441.
[2] Rapporté par les auteurs d'As-Sunan sauf An-Nasā'ī.
[3] Muslim : 4/1728.

ضَعْ يَدَكَ عَلَى الَّذِي تَأَلَّمَ مِنْ جَسَدِكَ وَقُلْ: « بِسْمِ اللهِ » ثَلاثًا، وَقُلْ سَبْعَ مَرَّاتٍ: « أَعُوذُ بِاللهِ وَقُدْرَتِهِ مِنْ شَرِّ مَا أَجِدُ وَأُحَاذِرُ ».

bismi-l-lāhi (trois fois), a'ūdhu bi-l-lāhi wa qudratihi min sharri mā ajidu wa uhādhir (sept fois).

Lorsque l'on craint de toucher quelque chose par son mauvais œil

دُعَاءُ مَنْ خَشِيَ أَنْ يُصِيبَ شَيْئًا بِعَيْنِهِ

• Si quelqu'un voit chez son frère ou dans ses biens quelque chose qui lui fait envie qu'il invoque les bénédictions d'Allāh, car le mauvais œil est certes une vérité.[1]

إِذَا رَأَى أَحَدُكُمْ مِنْ أَخِيهِ، أَوْ مِنْ نَفْسِهِ، أَوْ مِنْ مَالِهِ مَا يُعْجِبُهُ (فَلْيَدْعُ لَهُ بِالْبَرَكَةِ) فَإِنَّ الْعَيْنَ حَقٌّ.

En cas de frayeur

مَا يُقَالُ عِنْدَ الْفَزَعِ

• Il n'y a point de divinité digne d'adoration en dehors d'Allāh ![2]

« لَا إِلَهَ إِلَّا اللهُ ».

lā ilāha illa-l-lāh.

---

[1] Ahmad : 4/447.

[2] Al-Bukhārī, voir Al-Fath : 6/381 et Muslim : 4/2208.

En égorgeant un animal
مَا يَقُولُ عِنْدَ الذَّبْحِ أَوِ النَّحْرِ

• Au nom d'Allāh, et Allāh est le Plus Grand. Ô Allāh ! Ceci vient de Toi et est pour Toi. Ô Allāh ! Agrée cela de moi ![1]

« بِسْمِ اللهِ وَاللهُ أَكْبَرُ (اَللَّهُمَّ مِنْكَ وَلَكَ)، اللَّهُمَّ تَقَبَّلْ مِنِّي ».

bismi-l-lāhi wa-l-lāhu akbar [allāhumma minka wa laka], allāhumma taqabbal minnī.

Pour écarter la ruse des diables rebelles
مَا يَقُولُ لِرَدِّ كَيْدِ مَرَدَةِ الشَّيَاطِينِ

• Je me réfugie auprès des paroles parfaites d'Allāh que ne peuvent outrepasser ni les pieux ni les pervers, contre le mal de ce qu'Il a créé, façonné et multiplié, contre le mal de ce qui descend du ciel et de ce qui y monte, contre le mal de ce qui se répand sur la terre et de ce qui en sort, contre les tentations de la nuit et du jour et contre le mal de tout visiteur imprévu la nuit, sauf celui qui apporte le bien, ô le Tout-Miséricordieux ![2]

---

[1] Muslim : 3/1587 et Bayhaqī : 9/287.
[2] Aḫmad : 3/419.

« أَعُوذُ بِكَلِمَاتِ اللهِ التَّامَّاتِ الَّتِي لَا يُجَاوِزُهُنَّ بَرٌّ وَلَا فَاجِرٌ مِنْ شَرِّ مَا خَلَقَ وَذَرَأَ وَبَرَأَ، وَمِنْ شَرِّ مَا يَنْزِلُ مِنَ السَّمَاءِ وَمِنْ شَرِّ مَا يَعْرُجُ فِيهَا، وَمِنْ شَرِّ مَا ذَرَأَ فِي الْأَرْضِ وَمِنْ شَرِّ مَا يَخْرُجُ مِنْهَا، وَمِنْ شَرِّ فِتَنِ اللَّيْلِ وَالنَّهَارِ، وَمِنْ شَرِّ كُلِّ طَارِقٍ إِلَّا طَارِقًا يَطْرُقُ بِخَيْرٍ يَا رَحْمَنُ ».

a'ūdhu bi-kalimāti-l-lāhi-t-tāmmāti-l-latī lā yujāwizuhunna barrun wa lā fājirun min sharri mā khalaqa wa dhara'a wa bara'a, wa min sharri mā yanzilu mina-s-samā'i wa min sharri mā ya'ruju fīhā, wa min sharri mā dhara'a fi-l-'ardi wa min sharri mā yakhruju minhā, wa min sharri fitani-l-layli wa-n-nahāri, wa min sharri kulli ṯāriqin illā ṯāriqan yaṯruqu bi-khayrin yā rahmān.

L'imploration du pardon (d'Allāh) et le repentir
اَلْاِسْتِغْفَارُ وَالتَّوْبَةُ

• Le Prophète ﷺ a dit : « *Par Allāh je demande pardon à Allāh et me repens à Lui plus de soixante-dix fois par jour.* »[1]

قَالَ رَسُولُ اللهِ صَلَّى اللهُ عَلَيْهِ وَسَلَّمَ: « وَاللهِ إِنِّي لَأَسْتَغْفِرُ اللهَ وَأَتُوبُ إِلَيْهِ فِي الْيَوْمِ أَكْثَرَ مِنْ سَبْعِينَ مَرَّةً ».

[1] Al-Bukhārī, voir Al-Fath : 11/101.

• Le Prophète ﷺ a dit également : « *Ô hommes, repentez-vous à Allāh, car je me repens à Lui cent fois par jour !* »[1]

وَقَالَ صَلَّى اللهُ عَلَيْهِ وَسَلَّمَ: « يَا أَيُّهَا النَّاسُ تُوبُوا إِلَى اللهِ فَإِنِّي أَتُوبُ فِي الْيَوْمِ إِلَيْهِ مِائَةَ مَرَّةٍ ».

• Je demande pardon à Allāh, le Très-Grand, point de divinité digne d'adoration en dehors de Lui, le Vivant, l'Immuable, et je me repens à Lui.[2]

« أَسْتَغْفِرُ اللهَ الْعَظِيمَ الَّذِي لَا إِلَهَ إِلَّا هُوَ الْحَيُّ الْقَيُّومُ وَأَتُوبُ إِلَيْهِ ».

astaghfiru-l-lāha-l-'azhīma-l-ladhī lā ilāha illā huwa-l-hayyu-l-qayyūmu wa atūbu ilayh.

• Le Prophète ﷺ a dit : « *C'est lors des dernières heures de la nuit qu'Allāh est le plus Proche de Ses serviteurs, si tu le peux, sois parmi ceux qui L'évoquent à ce moment-là !* »[3]

وَقَالَ صَلَّى اللهُ عَلَيْهِ وَسَلَّمَ: « أَقْرَبُ مَا يَكُونُ الرَّبُّ مِنَ الْعَبْدِ فِي جَوْفِ اللَّيْلِ الْآخِرِ، فَإِنِ اسْتَطَعْتَ أَنْ تَكُونَ مِمَّنْ يَذْكُرُ اللهَ فِي تِلْكَ السَّاعَةِ فَكُنْ ».

• Le Prophète ﷺ a dit aussi : « *Le serviteur est le plus proche d'Allāh au moment où il se prosterne devant Lui, multipliez donc les invocations (en ces instants).* »[4]

وَقَالَ صَلَّى اللهُ عَلَيْهِ وَسَلَّمَ: « أَقْرَبُ مَا يَكُونُ الْعَبْدُ مِنْ رَبِّهِ وَهُوَ سَاجِدٌ فَأَكْثِرُوا الدُّعَاءَ ».

---

[1] Muslim : 4/2076.
[2] Abū Dāwud : 2/85 et At-Tirmidhī : 5/569.
[3] An-Nasā'ī : 1/289.
[4] Muslim : 1/350.

• Le Prophète ﷺ a dit : « *Il arrive à mon cœur d'être distrait, pour cela, j'implore le pardon d'Allāh cent fois par jour.* »[1]

وَقَالَ صَلَّى اللهُ عَلَيْهِ وَسَلَّمَ: « إِنَّهُ لَيُغَانُ عَلَى قَلْبِي، وَإِنِّي لَأَسْتَغْفِرُ اللهَ فِي الْيَوْمِ مِائَةَ مَرَّةٍ ».

Les mérites de dire : « Gloire à Allāh, louange à Allāh, il n'y a point de divinité digne d'adoration en dehors d'Allāh, Allāh est le Plus Grand »

فَضْلُ التَّسْبِيحِ، وَالتَّحْمِيدِ، وَالتَّهْلِيلِ، وَالتَّكْبِيرِ

• Le Prophète ﷺ a dit : « *Quiconque répète : "Gloire et Louange à Allāh", cent fois dans la journée, verra ses péchés effacés, fussent-ils aussi importants que l'écume de la mer.* »[2]

قَالَ صَلَّى اللهُ عَلَيْهِ وَسَلَّمَ: « مَنْ قَالَ: "سُبْحَانَ اللهِ وَبِحَمْدِهِ" فِي يَوْمٍ مِائَةَ مَرَّةٍ حُطَّتْ خَطَايَاهُ وَإِنْ كَانَتْ مِثْلَ زَبَدِ الْبَحْرِ ».

subhāna-l-lāhi wa bi-hamdih.

• Le Prophète ﷺ a dit : « *Quiconque répète : "Il n'y a point de divinité digne d'adoration en dehors d'Allāh, Seul, sans associé. A Lui la royauté, à Lui la louange et Il est Omnipotent", dix fois, aura la même récompense que celui qui aura affranchi quatre esclaves parmi les enfants d'Ismā'īl (Ismaël).* »[3]

---

[1] Muslim : 4/2075.
[2] Al-Bukhārī : 7/168 et Muslim : 4/2071.
[3] Al-Bukhārī : 7/67 et Muslim : 4/2071.

وَقَالَ صَلَّى اللهُ عَلَيْهِ وَسَلَّمَ: « مَنْ قَالَ: "لَا إِلَهَ إِلَّا اللهُ وَحْدَهُ لَا شَرِيكَ لَهُ، لَهُ الْمُلْكُ وَلَهُ الْحَمْدُ، وَهُوَ عَلَى كُلِّ شَيْءٍ قَدِيرٌ". عَشْرَ مِرَارٍ، كَانَ كَمَنْ أَعْتَقَ أَرْبَعَةَ أَنْفُسٍ مِنْ وَلَدِ إِسْمَاعِيلَ ».

lā ilāha illā-l-lāhu wah̲dahu lā s̲harīka lahu, lahu-l-mulku wa lahu-l-h̲amdu, wa huwa ‘alā kulli s̲hay’in qadīr.

• Le Prophète ﷺ a dit : « *Deux paroles sont légères sur la langue, lourdes dans la balance et très apprcciées du Tout-Miséricordieux : "Gloire et louanges à Allāh, et gloire à Allāh le Très-Grand".* »[1]

وَقَالَ صَلَّى اللهُ عَلَيْهِ وَسَلَّمَ: « كَلِمَتَانِ خَفِيفَتَانِ عَلَى اللِّسَانِ، ثَقِيلَتَانِ فِي الْمِيزَانِ، حَبِيبَتَانِ إِلَى الرَّحْمَنِ:"سُبْحَانَ اللهِ وَبِحَمْدِهِ، سُبْحَانَ اللهِ الْعَظِيمِ" ».

subh̲āna-l-lāhi wa bi-h̲amdihi, subh̲āna-l-lāhi-l-‘az̲h̲īm.

• Le Prophète ﷺ a dit : « *Dire : "Gloire à Allāh, la louange est à Allāh, il n’y a point de divinité digne d’adoration en dehors d’Allāh et Allāh est le Plus Grand" m’est préférable à toute chose sur laquelle le soleil se lève chaque jour.* »[2]

وَقَالَ صَلَّى اللهُ عَلَيْهِ وَسَلَّمَ: « لَأَنْ أَقُولَ: "سُبْحَانَ اللهِ، وَالْحَمْدُ لِلَّهِ، وَلَا إِلَهَ إِلَّا اللهُ، وَاللهُ أَكْبَرُ" أَحَبُّ إِلَيَّ مِمَّا طَلَعَتْ عَلَيْهِ الشَّمْسُ ».

subh̲āna-l-lāhi, wa-l-h̲amdu li-l-lāhi, wa lā ilāha illā-l-lāhu, wa-l-lāhu akbar.

---

[1] Al-Buk̲h̲ārī : 7/168 et Muslim : 4/2072.

[2] Muslim : 4/2072.

• Le Prophète ﷺ a dit : « *Pensez-vous qu'accomplir mille bonnes actions chaque jour soit une chose difficile ?* » Une personne de l'assemblée dit alors : « Et comment serait-il possible à l'un d'entre nous de réaliser cela ? » Et le Prophète ﷺ de répondre : « *Il lui suffit de proclamer une centaine de fois la gloire d'Allāh (Gloire à Allāh), ainsi il se verra inscrire mille bonnes actions et pardonner mille mauvaises.* »[1]

وَقَالَ صَلَّى اللهُ عَلَيْهِ وَسَلَّمَ: « أَيَعْجِزُ أَحَدُكُمْ أَنْ يَكْسِبَ كُلَّ يَوْمٍ أَلْفَ حَسَنَةٍ؟ » فَسَأَلَهُ سَائِلٌ مِنْ جُلَسَائِهِ: « كَيْفَ يَكْسِبُ أَحَدُنَا أَلْفَ حَسَنَةٍ؟ » قَالَ: « يُسَبِّحُ مِائَةَ تَسْبِيحَةٍ فَيُكْتَبُ لَهُ أَلْفُ حَسَنَةٍ أَوْ يُحَطُّ عَنْهُ أَلْفُ خَطِيئَةٍ ».

• Quiconque dit : « Gloire à Allāh, le Très-Grand, Louanges à Lui », il lui sera planté un palmier au Paradis.[2]

مَنْ قَالَ: « سُبْحَانَ اللهِ الْعَظِيمِ وَبِحَمْدِهِ »، غُرِسَتْ لَهُ نَخْلَةٌ فِي الْجَنَّةِ.

subhāna-l-lāhi-'azhīmi wa bi-hamdih.

• Un compagnon raconte : « Le Prophète ﷺ me dit : "*Ô 'Abd Allāh Ibn Qays ! Veux-tu que je t'indique ce qui constitue l'un des trésors du Paradis ?*" Je lui dis : "Bien sûr, ô Messager d'Allāh !" "*Dis : "Il n'y a de force ni de puissance que par Allāh.*"" »[3]

---

[1] Muslim : 4/2073.

[2] At-Tirmidhī : 5/511.

[3] Al-Bukhārī, voir Al-Fath : 11/213 et Muslim : 4/2076.

وَقَالَ صَلَّى اللهُ عَلَيْهِ وَسَلَّمَ: « يَا عَبْدَ اللهِ بْنَ قَيْسٍ، أَلَا أَدُلُّكَ عَلَى كَنْزٍ مِنْ كُنُوزِ الْجَنَّةِ؟ » فَقُلْتُ: بَلَى يَا رَسُولَ اللهِ، قَالَ: « قُلْ: "لَا حَوْلَ وَلَا قُوَّةَ إِلَّا بِاللهِ" ».

lā hawla wa lā quwwata illā bi-l-lāh.

• Le Prophète ﷺ a dit : « *Les paroles qu'Allāh préfère sont au nombre de quatre : gloire à Allāh, louange à Allāh, il n'y a point de divinité digne d'adoration en dehors d'Allāh, Allāh est le Plus Grand (peu importe l'ordre dans lequel elles sont prononcées).* »[1]

وَقَالَ صَلَّى اللهُ عَلَيْهِ وَسَلَّمَ: « أَحَبُّ الْكَلَامِ إِلَى اللهِ أَرْبَعٌ: "سُبْحَانَ اللهِ، وَالْحَمْدُ لِلَّهِ، وَلَا إِلَهَ إِلَّا اللهُ، وَاللهُ أَكْبَرُ"، لَا يَضُرُّكَ بِأَيِّهِنَّ بَدَأْتَ ».

subhāna-l-lāhi, wa-l-hamdu li-l-lāhi, wa lā ilāha illā-l-lāhu, wa-l-lāhu akbar.

• Un bédouin se présenta auprès du Prophète ﷺ et lui dit : « Enseigne-moi une parole que je pourrais répéter. » Le Prophète ﷺ lui recommanda alors de dire : « *Il n'y a point de divinité digne d'adoration en dehors d'Allāh, Seul, sans associé, Allāh est le Plus Grand dans toute Sa grandeur. D'abondantes louanges reviennent à Allāh. Gloire à Allāh, Maître des univers. Il n'est de puissance ni de force que par Allāh, le Puissant, le Sage.* » Le bédouin dit alors : « Ces mots sont pour mon Seigneur. Que me revient-il alors ? » Et le Prophète ﷺ ajouta : « *Ô Seigneur ! Pardonne-moi, fais-moi miséricorde, guide-moi sur le droit chemin et procure-moi ma subsistance.* »[2]

---

[1] Muslim : 3/1685.

[2] Muslim : 4/2072 et Abū Dāwud : 1/220 (La version d'Abū Dāwud précise que le Prophète ﷺ a dit lorsque ce bédouin fut parti : « *Et il (le bédouin) repart les mains emplies de biens.* »

جَاءَ أَعْرَابِيٌّ إِلَى رَسُولِ اللهِ صَلَّى اللهُ عَلَيْهِ وَسَلَّمَ فَقَالَ: « عَلِّمْنِي كَلَامًا أَقُولُهُ ». قَالَ: « قُلْ: "لَا إِلَهَ إِلَّا اللهُ وَحْدَهُ لَا شَرِيكَ لَهُ، اللهُ أَكْبَرُ كَبِيرًا، وَالْحَمْدُ لِلَّهِ كَثِيرًا، سُبْحَانَ اللهِ رَبِّ الْعَالَمِينَ، لَا حَوْلَ وَلَا قُوَّةَ إِلَّا بِاللهِ الْعَزِيزِ الْحَكِيمِ" » قَالَ: « فَهَؤُلَاءِ لِرَبِّي، فَمَا لِي؟ » قَالَ: « قُلْ:"اَللَّهُمَّ اغْفِرْ لِي وَارْحَمْنِي وَاهْدِنِي وَارْزُقْنِي" ». فَلَمَّا وَلَّى الْأَعْرَابِيُّ، قَالَ النَّبِيُّ صَلَّى اللهُ عَلَيْهِ وَسَلَّمَ : « لَقَدْ مَلَأَ يَدَيْهِ مِنَ الْخَيْرِ ».

lā ilāha illa-l-lāh wahdahu lā sharīka lahu, allāhu akbaru kabīrā, wa-l-hamdu li-l-lāhi kathīrā, subhāna-l-lāhi rabbi-l-'ālamīn, lā hawla wa lā quwwata illa bi-l-lāhi-l-'azīzi-l-hakīm. allāhumma-ghfir lī wa-rhamnī wa-hdinī wa-rzuqnī.

• Il est rapporté que lorsqu'une personne devenait musulmane, le Prophète ﷺ lui apprenait à faire la prière et lui recommandait ensuite d'invoquer Allāh en ces termes : « *Ô Allāh ! Pardonne-moi, fais-moi miséricorde, guide-moi sur le droit chemin, accorde-moi la santé et procure-moi ma subsistance.* »[1]

« كَانَ الرَّجُلُ إِذَا أَسْلَمَ عَلَّمَهُ النَّبِيُّ صَلَّى اللهُ عَلَيْهِ وَسَلَّمَ الصَّلَاةَ ثُمَّ أَمَرَهُ أَنْ يَدْعُوَ بِهَؤُلَاءِ الْكَلِمَاتِ: « اَللَّهُمَّ اغْفِرْ لِي، وَارْحَمْنِي، وَاهْدِنِي، وَعَافِنِي، وَارْزُقْنِي ».

allāhumma-ghfir lī wa-rhamnī wa-hdinī wa 'āfinī wa-rzuqnī

• La plus méritoire des invocations est sans aucun doute : « Louanges à Allāh. »

« اَلْحَمْدُ لِلَّهِ ».

al-hamdu li-l-lāh.

[1] Muslim : 4/2073.

• Et la meilleure des formules de rappel est : « Il n'y a point de divinité digne d'adoration en dehors d'Allāh. »[1]

« لَا إِلَهَ إِلَّا اللهُ ».

lā ilāha illa-l-lāh.

• Le Prophète ﷺ a dit : « *Voulez-vous que je vous indique quelles sont les œuvres pieuses et durables ? Dire : "Gloire à Allāh, louanges à Allāh, il n'y a point de divinité digne d'adoration en dehors d'Allāh, Allāh est le Plus Grand et il n'y a de puissance ni de force que par Allāh."* »[2]

اَلْبَاقِيَاتُ الصَّالِحَاتُ: « سُبْحَانَ اللهِ، وَالْحَمْدُ لِلَّهِ، وَلَا إِلَهَ إِلَّا اللهُ، وَاللهُ أَكْبَرُ، وَلَا حَوْلَ وَلَا قُوَّةَ إِلَّا بِاللهِ ».

subhāna-l-lāh, wa-l-hamdu-li-l-lāh, wa lā ilāha illa-l-lāh, wa-l-lāhu akbar, wa lā hawla wa lā quwwata illā bi-l-l-lāh.

La manière du Prophète ﷺ d'accomplir le tasbīh

كَيْفَ كَانَ النَّبِيُّ صَلَّى اللهُ عَلَيْهِ وَسَلَّمَ يُسَبِّحُ؟

• 'Abdullāh Ibn 'Amrū رضي الله عنهما rapporte qu'il vit le Prophète ﷺ faire le tasbīh en utilisant la main droite afin de compter le nombre de formules de glorifications qu'il prononçait.[3]

عَنْ عَبْدِ اللهِ بْنِ عَمْرٍو رَضِيَ اللهُ عَنْهُمَا قَالَ: « رَأَيْتُ رَسُولَ اللهِ صَلَّى اللهُ عَلَيْهِ وَسَلَّمَ يَعْقِدُ التَّسْبِيحَ بِيَمِينِهِ ».

---

[1] At-Tirmidhī : 5/462 et Ibn Māja : 2/1249.

[2] Ahmad n°513.

[3] Abū Dāwud : 2/81 et At-Tirmidhī : 5/521.

Des règles générales et bénéfiques

مِنْ أَنْوَاعِ الْخَيْرِ وَالْآدَابِ الْجَامِعَةِ

• A la tombée de la nuit, gardez vos enfants dans vos maisons, car c'est le moment où les diables sortent. Après cela (la nuit tombée), vous pouvez les laisser sortir. Et fermez bien les portes en mentionnant le nom d'Allāh, car le diable ne peut pas ouvrir une porte ainsi fermée. Fermez les outres en mentionnant le nom d'Allāh, couvrez les récipients, en mentionnant le nom d'Allāh, même si vous ne trouvez pour cela qu'un bâton, et éteignez vos lanternes.[1]

إِذَا كَانَ جُنْحُ اللَّيْلِ أَوْ أَمْسَيْتُمْ فَكُفُّوا صِبْيَانَكُمْ، فَإِنَّ الشَّيَاطِينَ تَنْتَشِرُ حِينَئِذٍ، فَإِذَا ذَهَبَتْ سَاعَةٌ مِنَ اللَّيْلِ فَخَلُّوهُمْ، وَأَغْلِقُوا الْأَبْوَابَ، وَاذْكُرُوا اسْمَ اللهِ، فَإِنَّ الشَّيْطَانَ لَا يَفْتَحُ بَابًا مُغْلَقًا، وَأَوْكُوا قِرَبَكُمْ، وَاذْكُرُوا اسْمَ اللهِ، وَخَمِّرُوا آنِيَتَكُمْ، وَاذْكُرُوا اسْمَ اللهِ وَلَوْ أَنْ تَعْرُضُوا عَلَيْهَا شَيْئًا، وَأَطْفِئُوا مَصَابِيحَكُمْ.

[1] Al-Bukhārī, voir Al-Fath : 10/88 et Muslim : 3/1595.

Table des matières